MARION GROTE

Dummytraining
Beschäftigung für jeden Hund

TIER *aktiv*

Inhalt

Das Dummytraining macht aus Mensch und Hund ein eingespieltes Team.

Inhalt

Was ist Dummytraining?

Aufgaben und Ziele	6
Spaß und sinnvolle Beschäftigung	10
Extra: Trainingsausstattung	14

Basisübungen und Trainingsaufbau

Die Basics: der Start ins Training	18
Fußarbeit: der zuverlässige Begleiter	20
✿ Fußposition vermitteln	21
✿ Fußposition einnehmen	22
✿ Drehen am Fuß	23
✿ Fußposition in Vorwärtsbewegung halten	24
»Komm«: an unsichtbarer Leine	26
✿ Sichtzeichen für »Komm«	27
✿ Schnelles »Komm«	28
✿ Position nach »Komm«	29
Steadiness: konzentriert und gelassen	30
✿ Steadiness: »Sitz und bleib«	31
✿ Steadiness: »Sitz und bleib« mit Ablenkung	32
Apportieren: fürs Bringen begeistern	34
✿ Dummy aufnehmen und tragen	35
✿ Dummy zurückbringen	36
✿ Dummy abgeben	37
Einweisen: Teamgeist gefragt	38
✿ Voranschicken mit Körper- und Lautsignal	40
✿ Stopp- oder Aufmerksamkeitspfiff	42
✿ Signale beim Schicken	43
✿ Rechts- und Links-Schicken und Über-Kopf-Schicken	44

Das Training der Sinnesleistungen

Training für Augen, Nase und Ohren	48
Suche: immer der Nase nach	50
✿ Verknüpfen von Suche und Lautsignal	51
✿ Kleine Suche	52
✿ Freiverlorensuche	53
Markierungen: alles gut im Blick	54
✿ Einzelmarkierung	55
✿ Einzelmarkierung im schwierigen Gelände	57
Extra: Wasserarbeit mit Dummys	58

Basisübungen kombinieren

Die wichtigsten Kombinationsübungen	62
✿ Fußarbeit und Markierungen kombinieren	64
✿ Doppelmarkierungen	66
✿ »Voran« und »Kleine Suche« kombinieren	68
✿ »Voran«, »Kleine Suche« und Markierungen kombinieren	70
✿ Einweis-Übungen kombinieren	72
Extra: Die 10 häufigsten Probleme beim Dummytraining	74

Anhang 76

Register, Service	76
Impressum	80

Umschlagklappen

Mit Dummytraining zum Dream-Team
Die 10 wichtigsten Begriffe des Dummytrainings
Faktoren, die das Training beeinflussen
Trainings-Checkliste

MIT DEM DUMMY ZU HERRCHEN ZURÜCK: DAS TRAINING SORGT FÜR SPASS UND FITNESS.

Was ist Dummytraining?

Dummytraining ist die perfekte Beschäftigung für Hunde, die gern apportieren. Das Training fördert die natürlichen Anlagen des Hundes. Zugleich lernt er dabei spielerisch weitere Signale, die auch das Miteinander von Halter und Hund erleichtern.

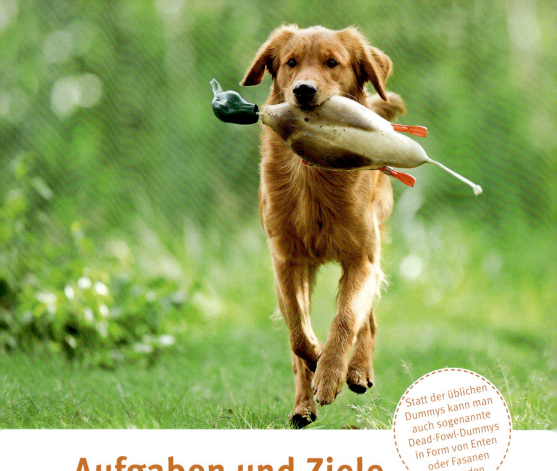

Statt der üblichen Dummys kann man auch sogenannte Dead-Fowl-Dummys in Form von Enten oder Fasanen verwenden.

Aufgaben und Ziele des Dummytrainings

Das Dummytraining entstand ursprünglich in England. Junge Hunde wurden durch das Training mit Dummys auf die typischen Situationen einer Niederwildjagd vorbereitet und trainiert. Auch konnte der hohe Ausbildungsstand bereits ausgebildeter Jagdhunde außerhalb der Jagdsaison durch das Dummytraining erhalten werden. Der Einsatz von Dummys (engl. »Attrappe«) ermöglichte ein Training ohne ständigen Einsatz von Wild zum Apportieren. Der Hintergrund liegt dabei im jagdethischen Bereich.

Was ist ein Dummy?

Ein Dummy für das Hundetraining ist ein gefülltes und schwimmfähiges Säckchen aus Canvasstoff oder Segeltuch. Dummys gibt es in verschiedenen Formen, Farben, Größen und Gewichten. Es werden auch spezielle Wasserdummys angeboten sowie Dummys mit Fellüberzug. Die verschiedenen Farben, Größen und Beschaffenheiten hängen mit den unterschiedlichen Zielsetzungen beim Training zusammen. Soll zum Beispiel das Sehvermögen eines Vierbeiners geschult werden, empfiehlt es sich, eine Dummyfarbe zu wählen, die der Hund gut sieht, etwa Blau oder Weiß. Das Standarddummy, das auch bei Prüfungen verwendet wird, ist grün und wiegt 500 Gramm.

Die wichtigsten Aufgaben

Das Dummytraining stellt Situationen der Niederwildjagd nach. Bei der Niederwildjagd werden Wildtiere bejagt, die nicht zum Hochwild (Elch-, Rot-, Dam-, Muffel-, Schwarzwild und andere) zählen. Typische Anforderungen des Dummytrainings sind:

- Merken der Stelle, wo auf Sicht geworfene Dummys zu Boden gehen (Markierungen). Der Hund soll das Geschehen beobachten, die Dummy-Flugbahn verfolgen, sich die Fallstelle merken und auf Signal das Dummy holen und dem Menschen übergeben. Mit der Aufgabenstellung wird die Augenleistung des Hundes trainiert.
- Einweisen des Hundes bei nicht auf Sicht geworfenen Dummys (»Blinds«). Der Hund soll Richtungsweisungen auch über größere Distanzen hinweg befolgen, ohne dass er die Fallstelle des Dummys kennt. Er lernt eine Reihe von Ritualen und Signalen zu unterscheiden und Vertrauen in die Führungsqualität des Menschen aufzubauen. Trainiert wird hier vor allem auch die Teamfähigkeit des Hundes.
- Dummysuche in einem vorgegebenen Areal (»Verlorensuche«). Lernziel ist es, den Vierbeiner zur systematischen Suche in einem bestimmten Gebiet anzuleiten. Er soll das Dummy finden und dem Hundeführer bringen. Die Aufgabenstellung spricht in erster Linie die Nasenleistung des Hundes an.

AUF DIESE GRUNDLAGEN KOMMT ES IM DUMMYTRAINING AN

Unabhängig von bestimmten Aufgabenstellungen und den Lernzielen der Lektionen und Übungen müssen im Dummytraining diese Grundlagen erarbeitet werden:

- Standruhe (Steadiness). Der Hund muss Ruhe bewahren und seine Anspannung kontrollieren. Er darf weder Laut geben noch ohne Signal loslaufen. Diese Reflexkontrolle ist in der Trainingspraxis unverzichtbar, damit der Hund nicht spontan dem geworfenen Dummy hinterherrennt.
- Aufnehmen und apportieren. Der Hund muss lernen, wie er das Dummy richtig aufnimmt und trägt.
- Freudig und schnell bringen und abgeben. Die Beschäftigung mit dem Dummy soll dem Hund Spaß machen. Er darf mit ihm aber keine eigenen Wege gehen, sondern soll es auch unter Ablenkung sofort dem Menschen bringen und übergeben.

Besonders in England hat die Jagd mit Hunden eine lange Tradition (historische Aufnahme von 1911).

Dummytraining heute

Neben der Ausbildung und dem Training von Jagdhunden wurden auch früher schon nicht jagdlich geführte Apportierhunde, in erster Linie Retriever, mit den Aufgaben des Dummytrainings vertraut gemacht. Hier lag der Schwerpunkt von Beginn an in der sinnvollen Beschäftigung der Hunde. Durch die zunehmende Verbreitung der verschiedenen Retriever-Rassen in privater Hand und dem verstärkten Wunsch der Hundehalter, sich intensiv und sinnvoll mit dem vierbeinigen Partner zu beschäftigen, hat sich die Arbeit mit dem Dummy zur eigenständigen Sparte im Hundesport entwickelt. Und mittlerweile gewinnt das Dummytraining auch außerhalb der Retriever-Szene immer mehr Anhänger.

GUTE GRÜNDE FÜR DIE ARBEIT MIT DEM DUMMY

Die weitaus meisten Hunde lassen sich im Handumdrehen fürs Apportieren begeistern, und man sieht ihnen die Freude an diesem Hundesport regelrecht an. Aber auch der Mensch als Teampartner gerät sehr schnell – und oft zur eigenen Verblüffung – in den Bann der Dummyarbeit. Dafür gibt es gute Gründe. Zum einen die Beschäftigung mit dem Hund in freier Natur: Alle Aktionen mit dem Dummy lassen sich problemlos in den täglichen Spaziergang einbauen. Zum anderen muss man nicht lange auf erste Trainingserfolge warten, da bei dieser Art des Hundesports stets die natürlichen Anlagen des Vierbeiners angesprochen und gefördert werden, sodass er fast jede Trainingseinheit aus eigenem Antrieb mitmacht.

> **Tipp**
>
> Informationen zu **Workingtests** und **Dummyprüfungen** finden Sie auf den Internetseiten der Vereine, die dem VDH (→ Seite 78) angehören (www.golden-retriever-club.de, www.drc.de, www.labrador.de). Hier und auf anderen Seiten im Internet werden auch die **Prüfungstermine** (→ Seite 78) aufgelistet.

Viele Hundeschulen und Hundesportvereine bieten heute Kurse zur Dummyarbeit und zum Apportiertraining an. Dabei sind die Trainingsangebote durchaus unterschiedlich. Der Bogen spannt sich von der ursprünglich jagdlichen Ausrichtung über Just-for-Fun-Apportieren bis zum Dogfrisbee. Ich habe für dieses Buch den klassischen Ansatz des Dummytrainings gewählt, der unmittelbar auf der jagdlichen Beschäftigung basiert und bei offiziellen Veranstaltungen, Workingtests und Prüfungen (→ rechte Seite und Tipp oben) zugrunde gelegt wird.

BESSER KOMMUNIZIEREN

Die Zielsetzung des Dummytrainings liegt heutzutage nicht mehr im späteren Einsatz des Hundes bei der Jagd, sondern in der sinnvollen Beschäftigung und geistigen und körperlichen Auslastung. Es ist sicher eine angenehme »Begleiterscheinung«, dass sich viele Elemente des Basistrainings ohne zusätzlichen Aufwand ins tägliche Leben mit dem Hund einbauen lassen und den Um-

Aufgaben und Ziele des Dummytrainings

gang mit ihm erleichtern. Ob es sich dabei um die Verbesserung der Fußarbeit handelt, der Hund auf Signal besser und schneller kommt, sich auf Entfernung hinsetzt oder dem Zuruf seines Besitzers folgt und nicht dem flüchtenden Kaninchen nachsetzt – die Alltagstauglichkeit dieser Trainingserfolge ist unumstritten.

PRÜFUNGEN UND WORKINGTESTS

Wie bei anderen Hundesportarten haben sich aus dem Dummytraining Wettbewerbe und Prüfungen entwickelt. Heute werden Prüfungen mit unterschiedlichen Schwierigkeitsgraden in den Anfänger- und Fortgeschrittenen-Klassen sowie in der Offenen Klasse angeboten. Dabei unterscheidet man in den Klassen zwischen Workingtests und Dummyprüfungen. Die Dummyprüfungen haben klar umrissene Aufgabenstellungen, in denen vor allem das Trainingsniveau des Mensch-Hund-Teams abgefragt und bewertet wird. In einem Workingtest werden jagdliche Situationen nachgestellt. Auch hier orientiert sich der Schwierigkeitsgrad an der Klasseneinteilung.

Prüfungen finden immer in freier Natur statt – in einem Gelände, in dem normalerweise auch eine Niederwildjagd abgehalten werden kann. Dummyprüfungen werden von einem Einzelrichter bewertet, bei Workingtests stellen mehrere Richter verschiedene Aufgaben. Das Team aus Vier- und Zweibeiner kann allein geprüft werden, es können aber auch mehrere Teams bei einer Aufgabe direkt nacheinander arbeiten. Dabei stehen die Teams dann in festgelegten Abständen zueinander gemeinsam in einer Linie, der sogenannten »Line«.

Jährlich wird eine deutsche Meisterschaft (German Cup) und eine deutsche Meisterschaft für Junghunde (Newcomer Trophy) ausgetragen. Auf internationaler Ebene findet ebenfalls einmal im Jahr der Internationale Workingtest (IWT) statt. Diese Prüfungen sind Veranstaltungen, an denen ausschließlich Hunde mit FCI-Papieren teilnehmen können.

DUMMYTRAINING FÜR JEDEN

Zunehmende Bekanntheit und steigende Beliebtheit des Dummytrainings »quer« durch alle Hunderassen (auch Mischlinge sind mit von der Partie) haben dazu geführt, dass sich alternativ zu den offiziellen Veranstaltungen »interne Workingtests« entwickelt haben, die von Hundeschulen und privaten Trainingstreffs angeboten werden und keine Zugangsvoraussetzungen erfordern. In Aufgabenstellung und Ablauf unterscheiden sie sich nicht von den offiziellen Prüfungen.

Prüfungssituation: Die Teams bereiten sich auf ihre Aufgaben bei der Wasserarbeit vor.

Das gemeinsame Training und der Spaß mit dem Dummy machen aus Hund und Mensch ein perfektes Team.

Spaß und sinnvolle Beschäftigung

Viele Hundehalter, die zum ersten Mal mit dem Dummytraining in Berührung kommen, sind auf der Suche nach sinnvoller Beschäftigung für ihren vierbeinigen Begleiter – und vor allem nach etwas, was ihnen selbst und dem Hund Spaß macht. Und stellen schnell fest, dass sie genau das beim Dummy- oder Apportiertraining finden. Die unterschiedlichen Anforderungen und Aufgaben dieses Hundesports sorgen dafür, dass der »Spaßfaktor« für jeden Vierbeiner garantiert ist: für den, der begeistert Dinge mit sich herumschleppt, für den, der hinter allem herrennt, was für ihn geworfen wird, oder für den, der für sein Leben gern im hohen Gras nach Bällen stöbert. Und alle Hunde wissen, dass ihnen ein Leckerli winkt, wenn sie ihre Aufgabe mit Bravour erfüllen. Das Training mit den Dummys ist aufregend und abwechslungsreich. Und es geht ja nicht nur um den Spaß: Die Übungen fordern und fördern die natürlichen Anlagen des Hundes und sorgen dafür, dass er körperlich und geistig fit bleibt.

Spaß und sinnvolle Beschäftigung

So lernen Hunde

Verstärkt man eine bestimmte Verhaltensweise des Hundes positiv, zum Beispiel durch eine Belohnung, wird er dieses Handlungsmuster in der Regel freiwillig wiederholen. Der Hund lernt also am Erfolg. Was Hunde als Erfolg betrachten und mit welchen Formen der Belohnung man ihr Verhalten verstärkt, ist allerdings von Hund zu Hund unterschiedlich. Der eine begeistert sich für Leckerlis, der andere ist für jede Art von Aufmerksamkeit dankbar, und viele Hunde machen alles für ihr Bällchen oder ein gemeinsames Spiel mit dem Menschen. Das Dummytraining hat den Vorzug, dass die Trainingsinhalte für die meisten Hunde schon Belohnung an sich darstellen: den Dummy suchen, auf ein Signal hin einem Objekt nachlaufen, beim Zurückbringen des Dummys gelobt werden und dafür ebenso wie für vorbildliche Fußarbeit ein Leckerli erhalten und vieles mehr. Nicht wenige Hunde finden das Suchen und Apportieren sogar so aufregend und selbst belohnend, dass sie andere Belohnungen überhaupt nicht mehr annehmen. Da Dummytraining ein Teamsport ist, lernt der Vierbeiner sehr schnell, dass er nur gemeinsam mit seinem Menschen zum Erfolg kommt. Dementsprechend sind die Aufgaben konzipiert: Beim Dummytraining kommt es auf ruhiges und konzentriertes Verhalten des Hundes an. »Balljunkies«, die auf Biegen und Brechen versuchen, ihren Ball zu erwischen, werden durch das Dummytraining nicht gefördert.

SCHRITT FÜR SCHRITT ZUM ZIEL

Im Dummytraining werden dem Halter und seinem Hund Wege aufgezeigt, wie beide als Team Fertigkeiten entwickeln, sinnvoll strukturieren und Schritt für Schritt vervollkommnen können. Beim behutsamen Aufbau und regelmäßigen Wiederholen der Übungen bekommt der Mensch ein Gefühl dafür, was er seinem Vierbeiner abverlangen kann. Dadurch fällt es ihm auch leichter, die Reaktionen des Hundes in den unterschiedlichsten Alltagssituationen zu beurteilen.

Ein perfektes Team

Auch wenn sich Mensch und Hund schon vorher gut verstehen, macht sie erst die Arbeit mit dem Dummy zum perfekten Team. Beim gemeinsamen Erarbeiten der Übungen lernt der Halter seinen Vierbeiner zunehmend besser kennen und dessen Verhalten,

Die Trainingserfolge sind auch im Alltag mit dem Hund ersichtlich. Hier zeigen sich die Früchte einer guten Fußarbeit.

Lernvermögen und Kombinationsfähigkeit richtig einzuschätzen. Aber auch der Hund kommt uns näher: Der strukturierte Aufbau der Übungen macht es ihm leichter, zu verstehen, was wir von ihm wollen. Mensch und Hund bringen beim Dummytraining gleichermaßen ihre besonderen Fähigkeiten ein: Beim Hund sind es die natürlichen Anlagen, wie seine überragende Riechleistung, mit der er uns um mehr als eine Nasenlänge voraus ist. Der Teampartner Mensch übernimmt dafür den Part des Planens und vorausschauenden Denkens. Das gemeinsame Lernen und der Spaß am Bewältigen der Aufgaben stärken das Band der Sympathie zwischen Herr und Hund, und der Mensch wird für seinen Hund immer wichtiger. Das Dummytraining macht uns selbst sensibler für die Signale, die wir aussenden. Vielen Menschen ist das Gefühl abhandengekommen, wie bestimmte Körperhaltungen auf ihre Umwelt wirken. In der Kommunikation mit dem Hund lernen wir, diesen Signalen wieder mehr Beachtung zu schenken.

Tipp

Der **Trainingserfolg** hängt vom Lernvermögen, aber entscheidend auch vom **Lernwillen des Hundes** ab. Finden Sie heraus, mit welchen **Belohnungen** er sich am besten motivieren lässt. Welche Leckerlis mag er? Welches Spielzeug reizt ihn am meisten? Oder ist er eher süchtig nach Streicheleinheiten?

DIE NATÜRLICHEN ANLAGEN DES HUNDES FÖRDERN

Das Dummytraining fördert und schärft die zwei wichtigsten Anlagen des Hundes:

- Der Hund lebt in einer Geruchswelt. Seine Nase besitzt sehr viel mehr Riechzellen als unsere. In seinem Gehirn ist ein großer Bereich ausschließlich für die Verarbeitung von Gerüchen zuständig. Diese besondere Nasenleistung kann der Hund im Dummytraining optimal nutzen und verfeinern.
- Für den Hund sind unbewegte und unbewegliche Objekte eher uninteressant. Dafür nehmen seine Augen selbst kleinste Bewegungen wahr, auch solche am äußersten Rand seines sehr breiten Gesichtsfelds. Bei schlechtem Licht sind die Augen des Hundes denen des Menschen überlegen. Die Dämmerungsleistung ist ein Erbe der wild lebenden Vorfahren des Hundes, die im Halbdunkel des frühen Morgens und späten Abends Jagd auf schnelle Beutetiere machten. Neben der Nasenleistung spielt der optische Sinn eine zentrale Rolle im Dummytraining.

DUMMYTRAINING FÜR DEN ALLTAG

Fußarbeit, Bleib- und Komm-Übungen und viele andere Übungsbereiche des Dummytrainings bilden die unverzichtbare Grundlage für die weiterführende Ausbildung, sind aber ebenso gut auch im Alltag mit dem Hund umsetzbar. Hier nur einige Beispiele: Der Hund kennt den Komm-Befehl, der ihn auffordert, das Dummy zurückzubringen. Mit ebendiesem Komm-Befehl kann der Halter aber auch seinen Vierbeiner vom Spiel mit den Hundekumpels abrufen, weil er sich endlich auf den Heimweg machen

Gut gelernt: Beim Aufmerksamkeitspfiff nimmt der Hund eine positive Erwartungshaltung ein.

will. Im Dummytraining lernt der Hund, dass er sitzen bleiben und die Flugbahn des Dummys im Blick behalten soll. Er begreift bald, dass genaues Beobachten wichtig ist. Zuverlässiges Sitzmachen ist im Alltag mit dem Hund oft entscheidend, wenn Jogger, Radfahrer, andere Hunde oder Wildtiere in der Nähe sind. Auch der Aufmerksamkeits- oder Stopp-Pfiff (→ Seite 39) hat im Dummytraining eine große Bedeutung. Der Hund muss sich auf das Signal hin umdrehen und eine neue Richtung annehmen. Im täglichen Leben soll er den Pfiff ohne Zeitverzögerung selbst auf größere Distanz befolgen, um nicht Menschen und Tiere und sich selbst in eine gefährliche oder zumindest unüberschaubare Situation zu bringen.

ABWECHSLUNG BEIM GASSIGEHEN

Wer kennt nicht die Situation: Man möchte sich mit seinem Hund beschäftigen oder mit ihm spielen, aber es fällt einem nichts wirklich Sinnvolles ein. Oder der vorwitzige Kerl hat beim Spaziergang wieder einmal nur Unsinn im Sinn. Das Dummytraining schafft hier schnell Abhilfe. Es bietet sowohl für Haus und Garten als auch fürs Gassigehen Übungen an, die Nützliches mit viel Spaß verbinden. Alle Utensilien, die im Training nötig sind, kann man problemlos mitnehmen. Angesichts der breiten Übungspalette des Dummytrainings braucht es nicht viel Fantasie, um die gemeinsame Freizeit für den Hund und sich selbst spannend und abwechslungsreich zu gestalten.

WAS IST DUMMYTRAINING?

DIE TRAININGSAUSSTATTUNG AUF EINEN BLICK

Dummys in verschiedenen Farben

Die Farbe des Dummys erleichtert dem Hund das Lernen. Um die Augenleistung zu verbessern, setzt man **WEISSE**, **BLAUE** und **MARKING-DUMMYS** (je zur Hälfte weiß und andersfarbig) ein. Beim Training der Nase werden vornehmlich **ROTE**, **ORANGEFARBENE** und **GRÜNE DUMMYS** verwendet. Inzwischen gibt es Dummys in fast allen Farben – vom dezenten Lindgrün bis hin zur Modefarbe Pink. Grüne Dummys werden in der Regel als Standarddummys eingesetzt. Das Grün ist für den Hund natürlich nicht unsichtbar, es spricht aber seinen optischen Sinn nicht vorrangig an.

Das richtige Spielzeug zur Belohnung

Neben Leckerlis ist ein Spiel die perfekte Alternative, um den Hund zu belohnen und zu motivieren. Der Fachhandel bietet eine große Auswahl an Spielsachen an. Ich selbst bevorzuge **SPIELZEUG, DAS MAN MIT DEM HUND TEILEN KANN** und mit dem man seine Aufmerksamkeit auch über große Distanz erregt, wenn das Objekt bewegt wird. Hier bieten sich zum Beispiel Bälle an, die an einer Kordel befestigt sind.

Vom Pocket- bis zum Jagddummy

Dummys gibt es in verschiedenen Größen, Gewichtsklassen und Formen. Für die meisten Übungen wird ein grünes **500-GRAMM-DUMMY** (Foto oben Mitte) verwendet, für Welpen und Kleinhunde ein Dummy mit 250 Gramm. **POCKETDUMMYS** mit 125 Gramm setzt man für die Suche ein. Schwere **DUMMYS MIT 1000 GRAMM** und mehr kommen nur bei der Jagdvorbereitung zum Einsatz. 100 Gramm leichte Dummys gibt es als Schlüsselanhänger.

Trainingsausstattung

Dummyweste und Dummytragetasche

Im Fachhandel können Sie zwischen diversen Dummytaschen und Dummywesten wählen, in denen man seine **DUMMYS VERSTAUEN UND ZUM TRAINING MITNEHMEN** kann. Ob man sich für Tasche oder Weste entscheidet, liegt dabei ganz am persönlichen Geschmack des Hundehalters. Generell sollte man darauf achten, dass der Teil der Weste oder Tasche, in dem die Dummys untergebracht werden, möglichst **WASSERUNDURCHLÄSSIG** und **LEICHT ZU SÄUBERN** ist, da die Dummys während des Trainings nicht selten nass und meist auch ziemlich schmutzig werden.

Geeignete Kleidung

Dummytraining ist in erster Linie ein Outdoor-Sport. Damit der Spaß auch bei schlechtem Wetter nicht zu kurz kommt, brauchen Sie die richtige Kleidung. Dazu gehören **GUMMISTIEFEL** oder **OUTDOOR-SCHUHE** sowie **WETTERFESTE JACKEN** und **HOSEN**. Damit Ihr Vierbeiner Sie auch auf größere Entfernungen problemlos erkennen kann, sollten Sie vornehmlich **WEISSE OBERBEKLEIDUNG** oder Jacken und Mäntel mit hellen und auffälligen Applikationen tragen.

Signalpfeifen und Pfeifenbänder

Signalpfeifen haben den Vorteil, dass man sich auch über große Distanzen und bei jeder Wind- und Wetterlage mit seinem Hund verständigen kann. Dabei ist das Signal einer Pfeife im Gegensatz zur menschlichen Stimme weitgehend emotionsfrei. Es gibt **PFEIFEN IN VERSCHIEDENEN MATERIALIEN, FORMEN, FARBEN UND TONHÖHEN**. Achten Sie beim Kauf darauf, dass Sie das Modell bei Bedarf in gleicher Form und Tonfrequenz nachkaufen können, falls eine Pfeife verloren oder kaputtgeht. Im Fachhandel gibt es auch die dazu passenden Pfeifenbänder.

DIE RICHTIGE ABGABE DES DUMMYS GEHÖRT ZU DEN BASIC-LERNZIELEN BEIM DUMMYTRAINING.

Basisübungen und Trainingsaufbau

In den Basisübungen lernt Ihr Hund, auf Ihre Kommandos zu hören, schnell und ohne Umwege zu Ihnen zu kommen und die Fußposition einzunehmen. Voraussetzung ist, dass er Sie aufmerksam beobachtet und Ihren Sicht- und Lautzeichen vertraut.

Der Hund soll die Übungen als positiv und lohnend empfinden, wie hier das Tragen des Dummys bei Fuß.

Die Basics: der Start ins Training

Immer wieder hört man genervte Hundebesitzer klagen: »Mein Hund kommt nicht, wenn ich ihn rufe« oder »Er zieht ständig an der Leine«. Der Unwillen ist verständlich, die Probleme aber sind »hausgemacht«. Ungehorsam und Renitenz des Hundes sind ein Zeichen unzureichender und inkonsequenter Erziehung. Mit den Basisübungen des Dummytrainings stabilisieren Sie das harmonische Miteinander von Mensch und Hund und legen zugleich den Grundstein für die folgenden Trainingslektionen.

Die fünf Basic-Lernziele

Das soll Ihrem Hund in den Basisübungen vermittelt werden:
- Beibehalten der Fußposition
- Schnelles und freudiges »Komm«
- Zuverlässiges Sitzenbleiben auch unter Ablenkung und in aufregenden Situationen
- Apportieren und richtige Übergabe des Dummys an den Halter
- Erkennen und Befolgen verschiedener Signale und Körperhaltungen im Bereich des Einweisens

Die Basics: der Start ins Training

BASICS MÜSSEN ERLERNT WERDEN

Ihr Vierbeiner muss die Komponenten der Basisübungen einzeln erlernen, da sie nicht zu seinen ererbten Verhaltensweisen gehören und zum Teil sogar seinen normalen Reaktionen widersprechen. Einige Beispiele sollen das belegen:

- Ihr Hund spielt ausgelassen mit anderen Hunden, Sie möchten aber mit ihm nach Hause gehen. Wenn Sie ihn jetzt rufen, wird er sich in der Regel fürs Weiterspielen entscheiden und Ihnen nicht folgen.
- Der Hund läuft normalerweise schneller als Sie in Ihrer Schrittgeschwindigkeit. Um die Fußposition neben Ihnen zu halten, muss er sich Ihrem Tempo anpassen.
- Bewegte Objekte lösen bei Hunden eine Nachfolgereaktion aus. Wenn Sie einen Ball werfen, kostet es den Hund viel Überwindung, dem Objekt nicht hinterherzulaufen.
- Viele Hunde schleppen oft Gegenstände mit sich herum. Wenn sie ihnen wichtig sind, geben sie die Objekte nur ungern her.
- Armbewegungen oder Handzeichen des Menschen haben für den Hund normalerweise kaum eine Bedeutung. Erst durch die entsprechenden Übungen lernt er, sie zu beachten und zu befolgen.

WICHTIG FÜRS AUFBAUTRAINING

Die Basisübungen führen den Hund Schritt für Schritt ins Dummytraining ein und überfordern ihn nicht. Er lernt Ihre Signale und Kommandos kennen und führt sie auch unter Ablenkung aus. Die Basic-Komponenten sind die Voraussetzung für das Training der Sinnesleistungen (→ Seite 40–57) und die Kombinationsübungen (→ Seite 60–73). Nur ein Hund, der die Basics beherrscht, meistert die Anforderungen der Folgeübungen. Soll zum Beispiel seine Augenleistung trainiert werden, muss er zuverlässig im »Sitz« bleiben können. Und bei allen Übungen, die seine Riechleistung auf die Probe stellen, muss er gefundene Dummys nach erfolgreicher Sucharbeit sofort und auf direktem Weg zu seinem Halter zurückbringen.

SCHULE, DIE SPASS MACHT

Sämtliche Basisübungen sind so angelegt, dass der Hund sie als positiv und lohnend empfindet. Er soll in allen Situationen freudig und interessiert mitarbeiten. Jede Übung wird gesondert aufgebaut. Spielen Sie eine Lektion vor Übungsbeginn noch einmal in Gedanken durch, und setzen Sie sich ein konkretes und realistisches Übungsziel. Beenden Sie die Trainingseinheit, wenn diese Vorgabe erreicht ist. Hierbei gilt »Aufhören, wenn es am schönsten ist«. Daher sollte das Training auch nie mit einem Fehlversuch aufhören. Eine erfolgreiche Abschlussübung motiviert den Hund fürs nächste Training.

> **Tipp**
>
> Bevor Sie mit den **Basisübungen des Dummytrainings** beginnen, sollten Sie ein **Trainings-Tagebuch** anlegen. Hier stellen Sie den Zeitplan für die Trainingseinheiten auf und notieren alle Übungsergebnisse. Auf einen Blick können Sie so **Leistungsniveau und Fortschritte** Ihres Hundes ablesen.

BASISÜBUNGEN UND TRAININGSAUFBAU

Lektion Fußarbeit: der zuverlässige Begleiter

Ziel der Trainingseinheit »Fußarbeit« ist es, dass der Hund auf das Signal des Hundeführers die Fußposition einnimmt und sie auch dann beibehält, wenn der Mensch in Bewegung ist. Die perfekte Fußarbeit hat im Dummytraining eine zentrale Bedeutung. Hintergrund ist die Jagdsituation, in der ein Hundeführer nicht ständig auf seinen Hund achten kann und der Vierbeiner seine Fußposition selbstständig einhalten muss – unabhängig davon, wie und wohin sich der Mensch gerade bewegt. Auch im Alltag stellt die perfekte Fußarbeit eine spürbare Erleichterung für den Hundehalter dar. Für den Hund ist das Training der Fußarbeit eine große, anfangs schwer zu verstehende Herausforderung. Um sie zu bewältigen, muss er lernen, dass es eine Fußposition gibt und wie sie aussieht, und diese Position auch in Bewegung von sich aus einzuhalten.

Belohnen und wiederholen

Um dem Hund die Fußposition schmackhaft zu machen, belohnt man ihn mit Leckerlis. Am Anfang werden die Übungen oft wiederholt, entsprechend gibt es viele Leckerlis. Da der Hund in der Fußposition links neben Ihnen sitzt, wird er mit der linken Hand belohnt. Damit verhindert man, dass er sich schief hinsetzt oder dreht. Entscheidend ist vor allem das Timing: Nur wenn der Hund direkt nach einer Aktion belohnt wird, verknüpft er Handlung und Belohnung. Beim Training der Fußarbeit zählt auch die eigene Körperhaltung. Achten Sie darauf, möglichst gerade zu stehen. Die Schultern müssen nach vorn zeigen, und beim Belohnen und bei Bewegungen sollten Sie den Oberkörper nicht zu Ihrem Hund hindrehen. Trockenübungen vor dem Spiegel (und ohne Hund) sind hier hilfreich.

VOR DEM TRAINING
- ☐ Üben Sie Ihre Körperhaltung ohne Hund, bis Sie ganz von selbst gerade stehen.
- ☐ Auch beim Belohnen mit den Leckerlis ist eine aufrechte Körperhaltung wichtig.
- ☐ Bewegen Sie sich sicher und flüssig.
- ☐ Halten Sie Leckerlis bereit, an denen der Hund nicht lange kauen muss.
- ☐ Merken Sie sich die Übungspunkte, an denen Ihr Hund belohnt werden soll.

LERNZIELE
- ☐ Der Hund soll auf den Menschen achten.
- ☐ Er muss mit dem Signal »Fuß« eine bestimmte Position an der Seite des Halters verknüpfen.
- ☐ Er soll die gewünschte Position selbstständig einhalten.
- ☐ Er soll in der einmal eingenommenen Fußposition jeder Vorwärtsbewegung und Drehung des Menschen folgen.

Lektion Fußarbeit

1. Übung Fußposition vermitteln

Die perfekte Fußposition sieht wie folgt aus: Der Hund sitzt gerade und dicht links neben dem Hundeführer. Die Brust des Hundes befindet sich etwa auf Kniehöhe. Bei dieser Teilübung kommt es darauf an, dem Hund die Fußposition zu vermitteln und positiv zu verknüpfen, damit er sie später selbstständig einnimmt (➥ Seite 22).

BASISINFO
Die Fußposition ist die elementare Voraussetzung für viele weitere Übungen.

Fürs Training der Fußposition sollten Sie viele Leckerlis bereithalten. Am besten in einem Leckerlibeutel, den Sie auf Ihrer linken Seite (zum Beispiel am Hosengürtel) befestigen. Natürlich kann man die Leckerlis auch in der Brusttasche von Hemd oder Bluse mitnehmen. Zur besseren Körperkontrolle empfiehlt es sich auch hier, die Übung zuerst vor dem Spiegel auszuprobieren.

Schritt 1: Nehmen Sie zwei Leckerlis in die Hand, lassen Sie Ihren Hund Sitz machen und stellen Sie sich möglichst dicht rechts neben ihn (➥ Bild 1). Belohnen Sie ihn sofort mit der linken Hand mit einem Leckerli und zeigen ihm, dass Sie noch ein zweites haben. Führen Sie das zweite Leckerli bis zu Ihrem Gesicht hoch, ohne den Körper dabei zum Hund zu drehen (➥ Bild 2). Schaut Ihr Hund aufs Leckerli (und damit in Richtung Ihres Gesichts), loben Sie ihn und belohnen ihn (➥ Bild 3). Dann geben Sie ihn frei.

Schritt 2: Wiederholen Sie die Übung, bis der Hund nach der Belohnung mit dem ersten Leckerli sitzen bleibt und zu Ihnen hochschaut. Geben Sie jetzt vor der Leckerligabe das Lautsignal »Fuß«.

Schritt 3: Verlängern Sie den Zeitraum, in dem der Hund vor der zweiten Leckerligabe zu Ihnen aufschaut (mindestens 10 Sekunden). Der Zeitrahmen ist nötig, um später aus dieser Position losgehen zu können und den Kontakt zum Hund nicht zu verlieren.

BASISÜBUNGEN UND TRAININGSAUFBAU

2. Übung: Fußposition einnehmen

Ihr Hund hat nach der ersten Fußübung (→ Seite 21) eine positive Vorstellung von der Fußposition. Trotzdem fällt es ihm nicht leicht, die Position auf das Lautsignal »Fuß« hin einzunehmen. Die folgende Übung zeigt den Weg. Bei allen Trainingsschritten ist der Hund kaum mehr als eine Armlänge von Ihnen entfernt und so immer in Ihrem Einwirkungsbereich.

BASISINFO
Der Hund lernt, die Fußposition einzunehmen und zuverlässig beizubehalten.

Schritt 1: Setzen Sie den Hund vor sich. Halten Sie ihm ein Leckerli mit der linken Hand vor die Nase und führen den linken Arm langsam nach hinten. Reden Sie Ihrem Hund gut zu, falls er der Hand nicht sofort folgt (→ Bild 1).

Schritt 2: Strecken Sie den linken Arm weit nach hinten – je größer der Hund, desto weiter. Folgt der Hund der Hand, führen Sie die Hand im Halbkreis gegen den Uhrzeigersinn nach vorn, und zwar langsam von außen zum Körper, damit Ihr Hund beim Drehen nicht den Kontakt zur Hand verliert (→ Bild 2). Hunde haben kein ausgeprägtes Gefühl für ihre hintere Körperhälfte. Ihr Hund muss die Drehung über die Hinterläufe daher erst lernen.

Schritt 3: Führen Sie den Hund wieder gerade nach vorn, geben Sie das Signal »Fuß« und belohnen ihn, wenn er neben Ihrem linken Bein steht (→ Bild 3). Achten Sie darauf, dass die Hand ihn nicht zu weit nach vorn lockt, und verzichten Sie darauf, ihn in dieser Position sofort sitzen zu lassen. Oft dreht er sich dann nämlich zum Menschen hin und wird unbeabsichtigt für schiefes Sitzen belohnt.

Schritt 4: Hat Ihr Hund den Ablauf schließlich verstanden, geben Sie das Signal »Fuß« immer früher, bis es vor dem Locken erfolgt. Locken Sie ihn ohne Leckerli, und belohnen Sie ihn erst in der richtigen Position. Steht er gerade neben Ihnen, lassen Sie ihn sitzen, bevor er belohnt wird.

Lektion Fußarbeit

3. Übung: Drehen am Fuß

Im Dummytraining ist es wichtig, dass der Hund die Fußposition hält, auch wenn sich sein Mensch zur Seite dreht. Damit Ihr Hund die Position neben Ihrem linken Bein nicht verlässt, müssen Sie ihm beibringen, bei einer Rechtsdrehung schneller zu laufen und bei einer Drehung nach links rückwärtszugehen. Besonders das Rückwärtsgehen verlangt Geduld und Training.

BASISINFO
Der Halter dreht sich auf der Stelle, und sein Hund macht die Rechts- oder Linksdrehung mit.

Bodenmarkierung: Als Hilfsorientierung bietet sich ein Kreuz auf dem Boden an, was in der Wohnung zum Beispiel mit Malerkrepp gut machbar ist (➜ Bild 1). Achten Sie bei den Übungen darauf, dass Sie sich nicht wegbewegen, sondern auf der Stelle drehen.

Rechtsdrehung: Stellen Sie sich aufs Kreuz und lassen den Hund in Fußposition sitzen. Hat er Blickkontakt mit Ihnen, drehen Sie sich um 90 Grad nach rechts. Deuten Sie das vorher an, indem Sie das linke Bein nach rechts drehen (➜ Bild 2). So weiß Ihr Hund auch später, dass Sie sich drehen werden und in welche Richtung. Macht er die Drehung mit, gibt es ein Leckerli. Wiederholen Sie das, bis er sich eng mitdreht und danach wieder in Fußposition ist. Versuchen Sie danach auch Drehungen von 180 Grad. Das Fuß-Signal sollte auch hier erst erfolgen, wenn der Hund den Ablauf begriffen hat.

Linksdrehung: Wenn Sie sich auf der Stelle um 90 Grad nach links drehen, muss Ihr Hund rückwärtsgehen, um in Fußposition zu bleiben. Das können nur wenige Hunde von sich aus. Stellen Sie Ihren linken Fuß vor den Hund, und locken Sie ihn mit einem Leckerli wie in »Fußposition einnehmen« (➜ linke Seite) in Fußposition, während Sie sich um 90 Grad nach links drehen (➜ Bild 3). Wiederholen Sie das, bis Ihr Hund seinen eigenen Bewegungsablauf gefunden hat, mit dem er die Fußposition einnimmt.

BASISÜBUNGEN UND TRAININGSAUFBAU

4. Übung: Fußposition in Vorwärtsbewegung halten

In der Übung »Fußposition vermitteln« (→ Seite 21) hat der Hund gelernt, neben Ihnen zu sitzen und Sie so lange anzuschauen, bis er belohnt wird. Jetzt üben Sie mit ihm, die Fußposition auch in der Vorwärtsbewegung beizubehalten. Da Hunde Erlerntes kaum in andere Situationen übertragen können, muss diese Übung im wahrsten Sinne Schritt für Schritt aufgebaut werden.

BASISINFO
Der Hund lernt, auch beim Gehen immer neben dem linken Bein des Menschen zu bleiben.

Bild 1: In der Bewegung bei Fuß zu bleiben verlangt viel Konzentration.

SCHRITT FÜR SCHRITT

Schritt 1: Ihr Hund sitzt links von Ihnen in Fußposition (→ Seite 22). Sobald er Blickkontakt zu Ihnen aufnimmt, machen Sie mit dem linken Bein einen Schritt nach vorne (→ Bild 2). Sie halten ein Leckerli in der linken Hand. Achten Sie aber darauf, dass Sie Ihren Hund nicht aus dem Sitzen mit dem Leckerli locken, sondern dass er Ihrer Bewegung folgt. Dann erhält er das Leckerli (→ Bild 3). Bitte benutzen Sie noch nicht das Signal »Fuß«! Üben Sie diesen ersten Schritt, bis Ihr Hund Ihnen, ohne zu zögern, folgt.

Schritt 2: In der Folgeübung wird der Hund nicht beim ersten Schritt belohnt, sondern erst während Sie – nun mit dem rechten Bein – den zweiten Schritt machen (→ Bild 4). Wenn Ihr vierbeiniger Schüler auch jetzt den Anschluss hält, erhöhen Sie nach und nach die Anzahl der Schritte. Gibt er jedoch den Kontakt auf, weil er keine Belohnung mehr erwartet, verkürzen Sie die Zeit bis zur Leckerligabe und bauen die Übung neu auf. Meist bleibt er an diesem Punkt der Übung aber schon zuverlässig mehrere Schritte lang neben Ihnen. Vergessen Sie bitte nicht: Die

Ihr Hund hat schon eine positive Vorstellung vom Signal »Fuß« und gelernt, diese Position einzunehmen und bei Drehungen zu halten. Er sollte auch wissen, dass sich die Fußposition für ihn lohnt, da es für Blickkontakt und aufrechtes Sitzen Leckerlis gibt. Klappt die Verknüpfung jedoch nicht zufriedenstellend, trainieren Sie zuerst weiter die Übung »Fußposition vermitteln«, um zu vermeiden, dass sich Fehler einschleichen.

Lektion Fußarbeit

Fußposition stellt für Ihren Hund eine schwierige Hürde dar. Im Zweifelsfall sollten Sie lieber eine Stufe im Trainingsaufbau zurückgehen, wenn der Hund etwas nicht richtig oder gar nicht versteht.

KONTAKT HALTEN IM GEHEN

Schritt 3: Jetzt geht es darum, den Kontakt zum Hund auch nach der Leckerligabe zu erhalten. Bleiben Sie bitte stehen, und warten Sie, bis er das Futterhäppchen vertilgt hat. Sobald er sich Ihnen dann wieder zuwendet, loben Sie ihn und gehen mit ihm einige Schritte weiter, bevor er die nächste Belohnung bekommt. Auf diese Weise lernt Ihr Hund ganz von selbst, dass nach einem Leckerli »das Spiel mit dem Fuß« weitergeht. Wenn Sie jedes Mal stehen bleiben und so lange warten, bis er wieder Kontakt zu Ihnen aufnimmt, wird er das im Lauf des Trainings immer schneller machen. Ziel des Übungsschrittes ist es, nach der Leckerligabe mit Ihrem Hund in der Fußposition weiterzugehen, ohne zwischendurch anhalten und warten zu müssen.

Schritt 4: An diesem Übungspunkt können Sie vor dem Belohnen mit dem Leckerli das Lautsignal »Fuß« geben. Benutzen Sie das Kommando aber nicht dazu, Ihren Hund in die richtige Position zu rufen, sondern ausschließlich als Verstärkung, nachdem er die Fußposition bereits eingenommen hat. Ansonsten besteht die Gefahr, dass er das Lautsignal mit einer falschen Position verknüpft. In der Folge belohnen Sie Ihren Hund dann seltener und variieren auch die Zeitabstände zwischen den Belohnungen.

Bild 3: Fürs Mitgehen wird er sofort aus der linken Hand belohnt.

Bild 2: Beim ersten Schritt vorwärts bleibt der Hund in der Fußposition. **Bild 4:** Später erfolgt die Belohnung beim zweiten Schritt.

Lektion »Komm«: an unsichtbarer Leine

Das perfekte »Komm« lässt sich ganz klar definieren: Der Hund befolgt in jeder nur denkbaren Situation ein akustisches oder optisches Signal (beziehungsweise die Kombination von beiden), kommt unverzüglich und freudig zum Hundeführer und nimmt dort eine bestimmte Position ein.

Schnell und freudig kommen

Das Thema »Komm« hat im Dummytraining besondere Bedeutung, damit der Hund mit jedem Objekt, das er aufgenommen hat, zuverlässig zurückkommt und es »in die Hand« apportiert. Das funktioniert nur, wenn er eine klare Vorstellung vom richtigen »Komm« hat. Im Training verknüpft man dabei sowohl optische als auch akustische Signale fürs Herankommen miteinander. Beim akustischen Signal handelt es sich um ein Wort (»Komm«, »Hier«, »Heran«) und (oder) einen Pfiff. Der Pfiff macht speziell dann Sinn, wenn der Hund über große Distanz oder bei schlechtem Wetter herbeigerufen wird. Als optisches Signal setzt man eine bestimmte Körperhaltung ein. Hunde achten sehr auf die Körpersprache des Menschen und reagieren auf optische Signale besser als auf akustische. Allerdings haben Sichtzeichen per se keine Bedeutung für sie. Im Training wird daher eine Körperhaltung positiv mit einer Belohnung (Leckerli oder Spiel) verknüpft, die nach dem Kommen erfolgt. Schnelles Kommen wird belohnt und gefördert. Der Hund lernt auch, die geforderte Position nach dem Zurückkommen einzunehmen: sitzend oder stehend vor dem Menschen oder in der Fußposition neben ihm. Welche Position man für sich und den Übungspartner wählt, hängt davon ab, wie der Hund das Dummy später abgeben soll.

VOR DEM TRAINING
- ☐ Wählen Sie ein Lautsignal für das »Komm« und (oder) einen Pfiff.
- ☐ Üben Sie eine Körperhaltung, bis Sie sie fast automatisch einnehmen können.
- ☐ Testen Sie vorab, für welche Belohnung sich Ihr Hund am meisten begeistert.
- ☐ Prägen Sie sich den Übungsablauf ein.
- ☐ Halten Sie alle nötigen Utensilien bereit (Pfeife, Spielzeug, Leckerli etc.).

LERNZIELE
- ☐ Der Hund baut eine positive Erwartungshaltung auf und arbeitet konzentriert mit.
- ☐ Er befolgt optische und akustische Signale ohne Zeitverzögerung.
- ☐ Er kommt auf ein Signal auch unter Ablenkung schnell und freudig herbei.
- ☐ Er läuft nahe an den Menschen heran und nimmt eine bestimmte Position ein, sobald er beim Halter ist.

Lektion »Komm«

1. Übung: Sichtzeichen für »Komm«

Ziel dieser Übung ist es, durch eine bestimmte Körperhaltung eine positive Erwartungshaltung beim Hund aufzubauen. Diese Körperhaltung signalisiert ihm, dass sich Herbeikommen lohnt. Üben Sie die Varianten vor dem Spiegel, und entscheiden Sie sich für diejenige, die am besten zu Ihrem Hund passt, je nachdem, ob er ein Leckerli oder Spiel zur Belohnung bevorzugt.

BASISINFO
Diese »Trockenübung« ist allein für den Halter gedacht. Trainieren Sie die Variante Ihrer Wahl so lange, bis Sie den Bewegungsablauf fast automatisch beherrschen.

Variante 1: Stellen Sie sich aufrecht mit leicht gespreizten oder geschlossenen Beinen hin. Strecken Sie die Arme zur Seite vom Körper weg (➡ Bild 1). Jetzt sind Sie für Ihren Hund auch auf große Entfernung gut zu sehen. Wichtig ist es, dass Sie diese Körperhaltung auch dann beibehalten, wenn er auf Sie zuläuft. Bewegungen mit den Armen sind nur nötig, wenn der Hund nicht auf Anhieb erkennt, wo Sie stehen. Für das schnelle Herbeikommen gibt es später ein Leckerli oder ein kleines Belohnungsspiel.

Variante 2: Stellen Sie sich leicht vorgebeugt und mit gespreizten Beinen hin, und halten Sie ein Spielzeug (etwa einen Ball) so in der Hand, dass der Hund es sehen könnte. Von der Handfläche sollte dabei noch etwas zu sehen sein. Läuft der Hund später auf Sie zu, werfen Sie das Spielobjekt durch Ihre Beine nach hinten (➡ Bild 2). So erreichen Sie, dass Ihr Schüler schnell herankommt.

Variante 3: Stellen Sie sich aufrecht hin, und strecken Sie Ihren linken Arm zur Seite weg. Dabei können Sie den Oberkörper leicht nach links beugen (➡ Bild 3). In der linken Hand halten Sie ein Leckerli. Ist der Hund bei Ihnen, führen Sie ihn mit der linken Hand in die Fußposition (➡ Seite 22).

Info: Die Fotos unten zeigen den Menschen aus der Perspektive des Hundes.

BASISÜBUNGEN UND TRAININGSAUFBAU

2. Übung: Schnelles »Komm«

Ein schnelles Kommen ist mit einer positiven Erwartungshaltung beim Hund verknüpft. Was dabei als interessant und attraktiv angesehen wird, kann von Hund zu Hund unterschiedlich sein. Meist sind es Leckerlis, Spielofferten oder Streicheleinheiten. Um den Reiz zu erhöhen, sollte Ihr Hund die Belohnung, die Sie ihm am Ende der Übung spendieren, nur hier erhalten.

BASISINFO
Die Übung eignet sich ideal, um beim Hund eine positive Erwartungshaltung aufzubauen.

Schritt 1: Setzen Sie Ihren Hund ab, zeigen Sie ihm die Belohnung, und gehen Sie dann von ihm weg. Zuerst nur wenige Meter, damit er Ihre Körperhaltung gut erkennt (→ Bild 1). Bleibt er noch nicht allein sitzen, bitten Sie einen Helfer, ihn zu halten – möglichst eine vertraute Person, die ihn nicht in seiner Konzentration auf Sie ablenkt (→ Bild 2).

Schritt 2: Nachdem Sie sich entfernt haben, drehen Sie sich zu Ihrem Hund um und nehmen die von Ihnen gewählte Position aus der Übung »Sichtzeichen für Komm« (→ Seite 27) ein. Geben Sie ihm Zeit, sich Ihre Körperhaltung gut einzuprägen. Erst dann folgt das Lautsignal in Form des Pfiffs oder Kommandos (→ Bild 3). Als Pfiff eignet sich eine Folge von Tönen, etwa ein Doppelpfiff, als Kommando ein Wort mit freundlichem Klang.

Schritt 3: Loben Sie den Hund (»Gut gemacht«), wenn er unverzüglich kommt, lassen Sie ihn Ihre Begeisterung für sein tolles Verhalten spüren, und belohnen Sie ihn. Achten Sie darauf, dass er ganz nah herankommt, und versuchen Sie nicht, ihn einzufangen. Das könnte ihn bei den Folgeübungen dazu verleiten, auf Distanz zu bleiben.

Wichtig: Wiederholen Sie die Übung, bis Sie das Gefühl haben, dass Ihr Hund deutlich Spannung aufbaut, sobald Sie die bestimmte Körperhaltung einnehmen. Jetzt können Sie die Entfernung vergrößern oder unter Ablenkung trainieren.

3. Übung: Position nach »Komm«

Es gibt Ihrem Hund Sicherheit, wenn er die Position kennt, die er nach dem Herankommen bei Ihnen einnehmen soll. Er muss sich also nicht jedes Mal fragen, ob er direkt zu Ihnen laufen soll oder nur in Ihre Nähe. Nur zu oft kann man »Fangspiele« beobachten, wenn sich ein Hund nicht anleinen lässt – die typische Folge einer nicht exakt definierten Position.

BASISINFO
Von den beiden Positionen nach »Komm« wird das Einnehmen der Vorsitzposition trainiert.

Ihr Hund hat gelernt, dass es ein akustisches und ein optisches Signal fürs Kommen gibt und dass es sich lohnt, sie zu befolgen. Nach dem Herkommen kann er zwei verschiedene Positionen einnehmen: die Vorsitz- und die Fußposition. In Vorsitzposition sitzt oder steht er vor Ihnen und schaut Sie an (➔ Bild 1). Aus dieser Position wird er dann in die Fußposition gebracht. Bei der Fußposition nimmt der Hund diese Position sofort ein und setzt sich. Die Übungsschritte für das Vermitteln und Einnehmen der Fußposition finden Sie auf den Seiten 21 und 22. Welche Position Sie wählen, hängt beim Dummytraining auch davon ab, in welcher Position Sie das Dummy entgegennehmen möchten.

VORSITZPOSITION EINNEHMEN

Schritt 1: Setzen Sie den Hund ab, und stellen Sie sich dicht vor ihn. Animieren Sie ihn mit einem Leckerli vor Ihrer Brust dazu, Sie anzuschauen. Hält er Blickkontakt, geben Sie ein Lautsignal (z. B. »Heran«, »Vor«) und belohnen ihn dann mit dem Leckerli.

Schritt 2: Beherrscht er Schritt 1, setzen Sie den Hund fünf Meter entfernt ab und rufen ihn mit Ihrem Komm-Signal. Mit dem Handzeichen (Leckerli vor der Brust) und dem Lautsignal animieren Sie ihn dazu, die Vorsitzposition einzunehmen. Danach gibt es das Leckerli zur Belohnung.

Schritt 3: Trainieren Sie diesen Ablauf schließlich auch auf größere Entfernungen und wenn Ihr Hund frei läuft.

Übungen einzeln trainieren

Trainieren Sie die drei Übungen dieser Lektion so lange einzeln, bis Sie sicher sind, dass Sie Ihren Hund auch unter Ablenkung zuverlässig beherrschen. Kombinieren Sie die Übungen erst, wenn das sicher klappt.

Lektion Steadiness: konzentriert und gelassen

Steadiness (engl. für Beständigkeit) hat in der Dummyarbeit große Bedeutung: Der Hund soll lernen, sich ruhig zu verhalten, aufmerksam zu beobachten, sich auf seine Aufgabe zu konzentrieren und erst auf das Signal hin zu suchen oder zu apportieren. Er sollte die Bedeutung von ruhigem Warten verstehen, sich fürs Sitzenbleiben und gegen mögliche Außenreize entscheiden. Eine gute Steadiness fördert das Miteinander. Hund und Mensch sind in der Lage, die gemeinsame Aufgabe besser zu erfüllen: Der Hund beobachtet in Ruhe, was passiert und setzt seine Fähigkeiten gezielt ein; der Mensch muss nicht ständig auf seinen Hund achten und kann so das Geschehen besser verfolgen. Damit der Hund den Anspruch der Steadiness auch unter Ablenkung erfüllen kann, muss man das ruhige Warten in allen Lebenslagen positiv und intensiv trainieren.

Steadiness in jeder Umgebung

Die Grundlage für eine gute Steadiness ist ein ruhiges und aufmerksames Verhalten in der Fußposition (→ Seite 26). Beherrscht Ihr Hund diese Basisübung ohne Ablenkung bereits gut, können Sie den Trainingsort an eine Stelle verlagern, an der er unterschiedlichen Außenreizen ausgesetzt ist, etwa auf einen häufig von Passanten frequentierten Bürgersteig, in die Nähe einer Hundewiese, oder auf einen Waldweg, der von Joggern und Radfahrern benutzt wird. Nehmen Sie den Hund dabei sicherheitshalber an die Leine. Wenn er anfangs abgelenkt oder zu aufgeregt ist, vergrößern Sie die Distanz zu den Umgebungsreizen, bis er sich wieder völlig beruhigt hat. Loben und belohnen Sie ihn dann für sein ruhiges Verhalten und verringern Sie danach den Abstand Schritt für Schritt wieder.

VOR DEM TRAINING
- ☐ Ihr Hund befolgt das Signal »Sitz« und bleibt einige Zeit sitzen.
- ☐ Er beherrscht die Lektion Fußarbeit.
- ☐ Testen Sie, was ihn besonders ablenkt.
- ☐ Bitten Sie eine zweite Person, die Rolle des »Ablenkers« zu übernehmen.
- ☐ Halten Sie die benötigten Utensilien (Ball, Leckerlis) bereit.
- ☐ Prägen Sie sich den Übungsablauf ein.

LERNZIELE
- ☐ Der Hund versteht die Bedeutung von ruhigem Warten und befolgt es zuverlässig.
- ☐ Er entscheidet sich in jeder Situation und auch bei unterschiedlichsten Außenreizen aktiv fürs Sitzenbleiben.
- ☐ Er konzentriert sich auf die Aufgabe und hat gelernt abzuwarten.
- ☐ Er wird erst aktiv, wenn er das Signal dazu erhalten hat.

Lektion Steadiness

1. Übung
Steadiness: »Sitz und bleib«

In dieser Steadiness-Übung lernt der Hund, dass er aktiv sitzen bleiben und konzentriert darauf warten muss, bis sein Halter zu ihm zurückkommt. Dazu gehört auch, dass er ein Kommando (in dieser Übung »Sitz«) so lange beibehält, bis der Hundeführer es wieder auflöst. Das Beibehalten des ruhigen Wartens ist ein für den Hund schwieriger Lernprozess.

BASISINFO
Bis Ihr Hund das ruhige Warten verstanden hat, müssen Sie Geduld und viel Zeit investieren.

Schritt 1: Ihr Hund sitzt in Fußposition neben Ihnen (→ Bild 1). Geben Sie ihm zur Bekräftigung erneut das Sitz-Signal, gehen Sie dann mit dem rechten Fuß los und drehen sich um 180 Grad, sodass Sie ihn im Blick haben. Gehen Sie ca. fünf Meter weiter rückwärts und bleiben stehen (→ Bild 2). Beugen Sie sich nicht vor, und wirken Sie nicht mit erhobener Hand auf den Hund ein. Vermeiden Sie auch jede Haltung, die Ihrem Komm-Signal ähnelt (→ Seite 27).

Schritt 2: Hält Ihr Hund Blickkontakt zu Ihnen, gehen Sie langsam auf ihn zu (→ Bild 3). Schaut er weg, bleiben Sie stehen und gehen erst weiter, wenn er Sie wieder anschaut. Er lernt dabei, dass er Sie durch Blickkontakt zum Zurückkommen animieren kann. In dieser Situation wirkt das auf ihn auch entspannend. Ziel der Übung ist es, dass Ihr Hund in der Position des ruhigen Wartens auf keine Ablenkungen reagiert.

Schritt 3: Beim Hund angekommen, gehen Sie wieder in Fußposition und belohnen ihn. Steht er auf, gibt es keine Belohnung. Lassen Sie ihn stattdessen erneut Sitz machen, gehen zwei Meter rückwärts weg und wieder auf ihn zu. Bewegen Sie sich langsam und nicht hektisch, damit Ihr Hund sich nicht bedrängt fühlt. Geben Sie ihn nach der Belohnung mit einem Wort frei. So lernt er, erst auf das Auflösungssignal loszulaufen. Bauen Sie die Distanz nach und nach aus.

BASISÜBUNGEN UND TRAININGSAUFBAU

2. Übung

Steadiness: »Sitz und bleib« mit Ablenkung

In der Übung »Sitz und bleib« (→ Seite 31) hat der Hund gelernt, sitzen zu bleiben und auf den Halter zu warten, auch wenn der sich zwischenzeitlich entfernt. Bei dieser Übung ist der Reiz des Aufstehens größer, weil dem Hund in der Sitz-Position reizvolle Ablenkungen angeboten werden. Er soll begreifen, dass es ihm mehr bringt, wenn er sitzen bleibt und ruhig abwartet.

BASISINFO
Trotz Ablenkung entspannt sitzen zu bleiben stellt für Hunde eine große Herausforderung dar.

Bild 1: Ruhig abzuwarten, während der Halter sich versteckt, fällt schwer.

MÖGLICHE ÜBUNGSVARIANTEN

Vor Beginn der folgenden Übungsvarianten haben Sie Ihren Hund abgesetzt.

Variante 1: Gehen Sie hinter einen Busch oder eine Hausecke, und verschwinden Sie so aus dem Blickfeld des Hundes (→ Bild 1). Anfangs nur für wenige Sekunden, später auch für längere Zeit. Einem Vierbeiner, der von Haus aus unsicher ist oder eine starke Bindung zum Besitzer hat, fällt es meist schwer, sitzen zu bleiben und abzuwarten.

Variante 2: Stellen Sie sich vor den Hund, und werfen Sie einen Ball hoch und fangen ihn wieder auf (→ Bild 2). Als Steigerung können Sie den Ball hinter sich werfen, ihn aufheben und Ihrem Hund als »Belohnung« bringen. Wenn Ihr Hund, wie die meisten seiner Artgenossen, sehr auf Bewegungen fixiert ist und instinktiv alles jagen will, was davonläuft oder wegfliegt, ist Stillsitzen ein Problem für ihn. Halten Sie den Ball zuerst nur in der Hand und bewegen ihn leicht. Bleibt der Hund sitzen, überlassen Sie ihm den Ball als Belohnung, nachdem Sie das Sitz-Signal aufgehoben haben. Aber bitte nicht zuwerfen, das wäre kontraproduktiv.

Bevor Sie Steadiness mit Ablenkung durch Außenreize trainieren, sollte Ihr Hund die Basisübung »Sitz und bleib« (→ Seite 31) sicher beherrschen. Die Erfolgskriterien dafür sind entspanntes Sitzenbleiben und ruhiges und aufmerksames Beobachten. Erhöhen Sie jetzt nach und nach den Grad der Ablenkung durch verschiedene Reizkonstellationen. Die Reaktionen darauf können von Hund zu Hund unterschiedlich sein.

Lektion Steadiness

Variante 3: Bleiben Sie stehen, springen Sie in die Luft, setzen Sie sich auf den Boden, oder laufen Sie ein paar Meter: Mit derartigen Bewegungen, die nicht zur jeweiligen Situation passen, können Sie Ihrem Hund beibringen, dass er das »Bleib« unabhängig von der Körperhaltung, den Aktionen und Bewegungen seines Menschen beibehalten soll. Zu Missverständnissen kann es allerdings kommen, wenn der Hund eine dieser Bewegungen schon aus einem anderen Kontext kennt. So betrachten es meine Hunde beispielsweise als klare Aufforderung zum gemeinsamen Spiel, wenn ich mich vor ihnen auf den Boden setze.

Variante 4: Eine andere Person geht allein oder – viel schwieriger – mit einem Hund an Ihrem Vierbeiner vorbei, den Sie abgesetzt haben. Dabei muss so viel Abstand eingehalten werden, dass die Individualdistanz des Hundes nicht durchbrochen wird. Diese Distanz ist von Hund zu Hund unterschiedlich. Wird ein zweiter Hund eingesetzt, geht der Führer dieses Hundes immer zwischen den beiden Hunden (→ Bild 3).

Variante 5: Sie haben Ihren Hund abgesetzt, stehen 8–10 Meter von ihm entfernt und halten ein Dummy in der Hand. Werfen Sie jetzt das Dummy neben sich oder – später als Steigerung – in Richtung des Hundes (→ Bild 4). Bleibt er brav sitzen, bringen Sie ihm zur Belohnung das Dummy.

Info: Wenn Ihr Hund sich bei sämtlichen Übungsvarianten ganz auf Sie konzentriert (bei Variante 1 fixiert er die Stelle, wo Sie aus seinem Blickfeld verschwunden sind), dann hat er das Steadiness-Prinzip verstanden.

Bild 3: Manche Hunde lassen sich von ihren Artgenossen leicht ablenken.

Bild 2: Ein fliegendes Spielzeug ist immer eine große Verführung. **Bild 4:** Das Dummy eignet sich genauso gut als Wurfobjekt wie ein Spielzeug.

BASISÜBUNGEN UND TRAININGSAUFBAU

Lektion Apportieren: fürs Bringen begeistern

Apportieren ist die Grundlage des Dummytrainings. Der Hund lernt, Objekte zu holen und zurückzubringen. Apportieren zählt zu den komplexen Verhaltensketten im Hundetraining. Der Apport besteht aus diesen nacheinander ablaufenden Komponenten:
- Der Hund sitzt in der Fußposition und beobachtet.
- Auf ein Signal (zum Beispiel »Apport«, »Brings« oder »Go«) läuft er zum Dummy.
- Er nimmt das Dummy auf und bringt es zum Hundeführer zurück.
- Er übergibt es in einer bestimmten Position in die Hand des Menschen.
- Er nimmt am Ende der Übung wieder die ursprüngliche Fußposition ein.

Für den perfekten Apport unterteilt man den »Verhaltenskatalog« in Einzelübungen. Erst wenn jede Übung sicher klappt, werden sie zur Trainingseinheit zusammengesetzt.

Apport-Übungen im Überblick

In den vorausgegangenen Lektionen wurden bereits mehrere zentrale Themenbereiche des Apportierens behandelt: »Fußposition vermitteln« und »Fußposition einnehmen« in der Lektion Fußarbeit (→ Seite 20–25), »Sichtzeichen für Komm«, »Schnelles Komm« und »Position nach Komm« in der Lektion »Komm« (→ Seite 26–29), sowie »Sitz und bleib« und »Sitz und bleib mit Ablenkung« in der Lektion Steadiness (→ Seite 30–33).

In dieser Lektion werden nun die Übungen zum Apportieren vervollständigt:
- Dummy aufnehmen und tragen
- Dummy zurückbringen
- Dummy abgeben

Die Übungen stellen unterschiedliche Anforderungen an den Hund. Fürs Holen und Abgeben lernt er verschiedene Signale.

VOR DEM TRAINING
- ☐ Definieren Sie den Trainingsstand und mögliche Schwachstellen Ihres Hundes.
- ☐ Präparieren Sie das Dummy (→ rechte Seite), falls Ihr Hund es nicht mittig trägt, und halten Sie eine lange Schnur bereit, wenn er es nicht aufnimmt.
- ☐ Für »Dummy zurückbringen« (→ Seite 36) sollte Ihr Hund die Übung »Schnelles Komm« (→ Seite 28) sicher beherrschen.

LERNZIELE
- ☐ Der Hund lernt, dass Apportieren Spaß macht und er gelobt und belohnt wird, wenn er alles richtig macht.
- ☐ Er begeistert sich fürs Apportieren, weil damit aufregende Spiele mit dem Menschen verbunden sind.
- ☐ Er nimmt das Dummy auf, bringt es zurück und gibt es Ihnen in die Hand.
- ☐ Er trägt ein Dummy immer mittig.

Lektion Apportieren

1. Übung

Dummy aufnehmen und tragen

Der Hund soll das Dummy, ohne zu zögern, aufnehmen und mittig tragen. Schon jetzt können Sie Ihrem vierbeinigen Partner den Spaß am Apportieren des Dummys vermitteln und ihm zeigen, dass er ein ganz toller Hund ist, wenn er mit dem Dummy zu Ihnen zurückkommt. Für den Hund soll das alles ein aufregendes Spiel sein, das ihn immer wieder aufs Neue begeistert.

BASISINFO
Der Hund lernt, mit dem Dummy zu arbeiten.

Schritt 1: Spielen Sie gemeinsam mit Ihrem Hund mit dem Dummy, und ziehen Sie es über den Boden, damit er es »fangen« kann. Überlassen Sie ihm das Dummy aber nicht.
Schritt 2: Wenn der Hund Interesse am Dummy zeigt, werfen Sie es weg und lassen ihn hinterherlaufen (→ Bild 1). Nimmt er es auf, loben Sie ihn überschwänglich und locken ihn mit dem Dummy zu sich. Kommt er zu Ihnen, loben Sie ihn erneut, nehmen ihm das Dummy aber nicht weg.
Info: Viele Hunde laufen zwar hinter dem Dummy her, interessieren sich aber nicht

mehr dafür, sobald es auf der Erde liegt. Hier können Sie mit einem langen Band Abhilfe schaffen, das am Dummy angebunden wird. Halten Sie das Ende des Bandes beim Werfen des Dummys fest. Steht Ihr Hund dann vor dem Dummy, nimmt es aber nicht auf, ziehen Sie am Band und versetzen so das Apportierobjekt in Bewegung. In den meisten Fällen wird dadurch das Interesse des Hundes neu geweckt. Ziehen Sie ihn aber nicht mit dem Band zu sich.
Schritt 3: Loben Sie Ihren Hund, wenn er das Dummy mittig trägt (→ Bild 2). Viele Hunde tragen es anfangs am Wurfgriff oder am seitlichen »Zipfel«. Verhindern lässt sich das, wenn Sie den Wurfgriff entfernen oder den »Zipfel« mit Klebeband festkleben.

BASISÜBUNGEN UND TRAININGSAUFBAU

2. Übung: Dummy zurückbringen

Nachdem der Hund das Dummy zuverlässig aufnimmt und im Fang behält, lernt er jetzt, es dem Hundeführer zu bringen. Fast jeder Hund trägt gern Gegenstände aller Art mit sich herum. Nur wenige sind aber bereit, sie ihrem Menschen zu bringen und das »Beutestück« mit ihm zu teilen und abzugeben. Das Zurückbringen des Dummys ist daher ein wichtiger Lernschritt.

BASISINFO
Das Zurückbringen des Dummys setzt beim Hund großes Vertrauen zu seinem Halter voraus.

Um diese Lektion erfolgreich zu bewältigen, sollte Ihr Hund die Übung »Schnelles Komm« (→ Seite 28) beherrschen. Am besten wiederholen Sie diese Komm-Übung zwei- oder dreimal vor Beginn des eigentlichen Trainings mit dem Dummy.
Dann bauen Sie die Lektion in drei Schritten auf:
Schritt 1: Setzen Sie den Hund ab, gehen Sie weg, drehen sich nach ca. 10 Metern zu ihm um und lassen das Dummy mit seitlich ausgestrecktem Arm fallen (→ Bild 1). Machen Sie dabei ein Geräusch. Danach entfernen Sie sich um weitere fünf Meter.
Schritt 2: Drehen Sie sich zum Hund um, und achten Sie darauf, dass das Dummy auf gerader Linie zwischen Ihnen und ihm liegt (→ Bild 2). Nehmen Sie Ihre Komm-Position ein, und rufen Sie ihn mit Ihrem Lautsignal. Loben Sie ihn, sobald er das Dummy aufnimmt (→ Bild 3). Geben Sie anschließend erneut das Komm-Signal.
Schritt 3: Ist der Hund zu Ihnen gekommen, loben Sie ihn, nehmen ihm aber das Dummy nicht weg. Er soll möglichst nah herankommen. Versuchen Sie ihn aber nicht »einzufangen«, falls er etwas Abstand hält. Viele Hunde lassen sich gern streicheln und für ihre Beute loben. Vermeiden Sie dabei Gesten, die auf den Hund bedrohlich wirken können, wie sich über ihn beugen, ihm über den Kopf streicheln oder ihn anstarren. Verhalten Sie sich möglichst so wie in der Übung »Schnelles Komm«.

Lektion Apportieren

3. Übung — Dummy abgeben

Der Hund soll das Dummy nicht behalten, sondern seinem Halter überlassen. Dafür gibt es verschiedene Positionen: Er steht vor dem Menschen und gibt ihm das Dummy in die Hand; er sitzt in Vorsitzposition oder in Fußposition und schaut den Menschen an, der ihm das Dummy aus dem Fang nimmt. Wählen Sie eine dieser drei Möglichkeiten.

BASISINFO
Zu Beginn der Lektion gibt der Hund das Dummy im Tausch gegen Lob und Leckerli ab.

In die Hand apportieren: Legen Sie das Dummy auf die Erde, und warten Sie, bis Ihr Hund es aufnimmt. Halten Sie ihm die offene Handfläche hin. Am besten setzen Sie sich dazu anfangs auf den Boden. Loben Sie den Hund, wenn er das Dummy in die Nähe Ihrer Hand bringt oder den Versuch macht, es in Ihre Hand zu legen. Geben Sie dann gleichzeitig ein Lautsignal (»Aus«, »Danke«) und ein Leckerli als Belohnung. Belohnen Sie nur die hier beschriebene Variante, und ignorieren Sie alle anderen »Angebote« Ihres Hundes. Gehen Sie nach und nach vom Sitzen zum Stehen über, bis Ihr Hund schließlich vor Ihnen steht und Ihnen das Dummy in die Hand gibt (➜ Bild 1).

Vorsitzposition: Trainieren Sie die Vorsitzposition zuerst ohne Dummy: Ihr Hund sitzt vor Ihnen und wird belohnt, wenn er Sie anschaut. Hält er den Blickkontakt über längere Zeit, geben Sie ihm ein Dummy in den Fang und animieren ihn wieder, Sie anzusehen. Das klappt gut, wenn Sie eine Hand zum Gesicht führen und der Hund ihr mit den Augen folgt (➜ Bild 2). Nehmen Sie ihm dann das Dummy mit einem Lautsignal ab, und belohnen Sie ihn. Achten Sie darauf, dass er das Dummy nicht schon loslässt, bevor Sie es genommen haben.

Fußposition: Geben Sie ihm das Dummy in der Fußposition in den Fang (➜ Bild 3), und üben Sie weiter wie unter »Vorsitzposition«.

BASISÜBUNGEN UND TRAININGSAUFBAU

Lektion Einweisen: Teamgeist gefragt

Einweisen gehört zu den anspruchvollsten Disziplinen des Dummytrainings. Der Hund muss dabei lernen, auf die optischen und akustischen Signale seines Menschen hin Richtungen anzunehmen oder Distanzen zu überbrücken. Das Einweisen verlangt vom Hund einerseits Gehorsam und Lenkbarkeit, andererseits aber auch, dass er ab einem bestimmten Punkt selbstständig arbeitet.

Einweisen stärkt das Team

Das Einweisen gehört zur Alltagspraxis des Jägers: Wenn sein Hund keine Möglichkeit hat, die Stelle eines geschossenen Wildes einzusehen oder sich zu merken, wird er von seinem Menschen eingewiesen. Dabei dirigiert ihn der Jäger nicht selten über weite Distanzen zur Fallstelle, wo der Hund dann selbstständig sucht. Vorteile des Einweisens: Der Jäger kommt schnell ans geschossene Wild, die Kräfte des Vierbeiners werden geschont, und durch das gezielte Schicken des Hundes werden andere Wildtiere so wenig wie möglich gestört – alles Faktoren, die bei der Jagd wichtig sind. Damit der Hund lernt, auf ein Signal hin geradeaus zu laufen, Richtungen anzunehmen und zu stoppen, ist eine enge Zusammenarbeit von Mensch und Hund notwendig. Das Training der Einweis-Elemente stärkt Kooperationsbereitschaft und Teamgeist. Ebenso muss der Hund sich auf die Führung des Teampartners verlassen können – das Vertrauen in den Menschen und seine Führungsqualitäten wächst. Der Hund lernt dabei auch, genau auf die verschiedenen Signale des Menschen zu achten. Im Dummytraining gehören zur Lektion Einweisen die Übungen »Voranschicken«, »Nach rechts und links schicken«, »Über-Kopf-Schicken« sowie der »Stopp-Pfiff«.

VOR DEM TRAINING
- Üben Sie die Körperhaltungen für die Einweis-Elemente vor dem Spiegel.
- Achten Sie darauf, dass die Körperhaltungen sich deutlich unterscheiden, damit Ihr Hund die Signale auf Distanz versteht.
- Erproben Sie den Stopp-Pfiff zuerst allein und nicht im Beisein Ihres Hundes.
- Bereiten Sie die Trainingsutensilien vor.
- Wählen Sie ein geeignetes Gelände.

LERNZIELE
- Der Hund läuft auf einer geraden Linie und hält die einmal gewählte Richtung auch bei Ablenkung und im unübersichtlichen Gelände ein.
- Er befolgt für die verschiedenen Einweis-Elemente unterschiedliche Laut- und Sichtsignale.
- Er bewertet Kommandos als Hilfen und nicht als Strafe.

Lektion Einweisen

VORANSCHICKEN

Das Voran-Signal wird beim Einweisen immer dann eingesetzt, wenn der Hund eine größere Distanz überbrücken soll, aber vorher nicht gesehen hat, wo das Dummy gefallen ist. Er lernt, aus der Fußposition auf Sichtzeichen und Lautsignal hin in gerader Linie zu laufen und sie unabhängig von Geländestruktur und Windverhältnissen einzuhalten, ohne sich mit Nase oder Augen zu orientieren (➔ Seite 41). Auch Ablenkungen (etwa zusätzlich geworfene Dummys) dürfen ihn nicht vom Kurs abbringen. Das Laufen in gerader Linie wird mit einem Such-Signal (➔ Seite 50–53) beendet.

NACH RECHTS UND LINKS SCHICKEN

Auf Distanz dreht sich der Hund auf Sicht- und Lautsignal hin um 90 Grad nach rechts oder links und läuft auch hier so lange in gerader Linie, bis ein Such-Signal kommt. Rechts- oder Links-Signale werden eingesetzt, wenn der Hund zu weit vom Dummy entfernt ist und diese Distanz überbrücken muss, bevor er suchen kann.

ÜBER-KOPF-SCHICKEN

Ebenfalls auf Distanz zum Menschen lernt der Hund, sich auf Sicht- und Lautsignal hin um 180 Grad zu drehen und in gerader Linie zu laufen, bis das Such-Signal erfolgt (➔ Seite 45). Das sogenannte Über-Kopf-Signal wird gegeben, wenn der Hund nicht weit genug zum Dummy gelaufen ist oder zu früh mit der Suche beginnen will.
Info: Geradeaus zu laufen und weder Nase noch Augen einzusetzen ist für Hunde nicht einfach. Die Übungsdistanzen variieren und können bis zu 150 Meter betragen.

Hand- und Körperhaltung des Menschen zeigen die Richtung des »Voran« für den Hund an.

STOPP-PFIFF

Mit dem Stopp- oder Aufmerksamkeitspfiff macht der Mensch seinen Hund auf sich aufmerksam und stoppt ihn auch auf große Distanz. Der Pfiff signalisiert den Beginn einer neuen Aktivität: Der Hund soll seine Tätigkeit einstellen, sich zum Menschen umdrehen und weitere Signale abwarten (➔ Seite 42). Lernziel ist es, eine positive Erwartungshaltung beim Hund aufzubauen.

Übungen einzeln trainieren

Einweisen ist ein komplexes Thema und bedeutet vor allem Fleißarbeit. Nur häufige Wiederholungen können Ihrem Hund die vielen Anforderungen zuverlässig vermitteln. Üben Sie jedes Einweis-Element so lange für sich, bis Ihr Hund die Übung in unterschiedlichen Situationen (Distanzen und Geländeformationen) verstanden hat. Kombinieren Sie die Teilbereiche erst zum Schluss miteinander. Beim Dummytraining können Einweis-Elemente auch mit anderen Übungen kombiniert werden.

BASISÜBUNGEN UND TRAININGSAUFBAU

1. Übung

Voranschicken mit Körper- und Lautsignal

Beim Voranschicken lernt der Vierbeiner, auf ein akustisches Signal und ein bestimmtes Körperzeichen hin, so lange eine gerade Linie zu laufen, bis er ein Such-Signal bekommt. Dabei ist es wichtig, dass er Vertrauen in diese Signale aufbaut, da das Voranschicken in der Regel dann eingesetzt wird, wenn der Hund vorher nicht gesehen hat, wo das Dummy gelandet ist.

BASISINFO
Der Hund wird mit Körper- und Lautsignal vorangeschickt und läuft auf gerader Linie.

Bild 1: Voller Spannung nimmt der Hund die Richtung an.

VARIANTEN DES KÖRPERSIGNALS

Vorangeschickt wird der Hund stets aus der Fußposition, er sitzt zu Beginn der Übung an Ihrer linken Seite. Ihr Arm und Ihre Hand sind gestreckt und geben die Richtung zum Dummy an. Ziehen Sie eine gedachte Grenze zwischen sich und Ihrem Hund, und achten Sie darauf, diese Linie mit Ihrem Körper nicht zu überschreiten, um die Konzentration des Hundes nicht zu stören.

Es gibt drei Möglichkeiten, wie Sie Ihrem Hund ein Körpersignal geben können:
Signalvariante 1: Treten Sie einen Schritt aus der Fußposition zurück. Setzen Sie dann Ihr linkes Bein nach vorn, und strecken Sie die linke Hand so aus, dass sie in Kopfhöhe des Hundes und ca. 15 Zentimeter von seinem Kopf entfernt ist (➜ Bild 2). Verlagern Sie dabei Ihr Gewicht aufs linke Bein.
Signalvariante 2: Diese Signalgebung ist das Spiegelbild von Variante 1. Statt linker Hand und linkem Bein kommen die rechte Hand und das rechte Bein zum Einsatz (➜ Bild 3). Achten Sie bei beiden Varianten darauf, dass Sie sich nicht über den Hund beugen.
Signalvariante 3: Sie stehen in aufrechter Haltung neben Ihrem Hund und positionieren den linken Arm so über seinem Kopf, dass Ihre Hand leicht vor dem Kopf des Hundes ist (➜ Bild 4). Die Haltung ähnelt der »Kimme-Korn-Position« beim Schießen.
Info: Entscheiden Sie sich für eine Variante, die Sie dann vor dem Spiegel üben, bis sie fast automatisch klappt. Ein Objekt von der Größe Ihres sitzenden Hundes erleichtert Ihnen dieses Trockentraining.

Lektion Einweisen

IN VIER SCHRITTEN ZUM »VORAN«

Zuerst muss der Hund Ihr Körper- und das Lautsignal (zum Beispiel »Voran«) mit dem Loslaufen verknüpfen.

Utensilien: Für die Übung brauchen Sie eine Futterschüssel und Leckerlis.

Schritt 1: Setzen Sie den Hund ab und gehen ca. 15 Meter weg. Dann drehen Sie sich um und stellen den Futternapf mit den Leckerlis auf den Boden. Gehen Sie zu Ihrem Hund zurück, stellen sich in die Fußposition und belohnen ihn für sein Sitzenbleiben.

Schritt 2: Nehmen Sie das Körpersignal Ihrer Wahl ein (➜ linke Seite) und schauen zum Futternapf. Sitzt der Hund ruhig und konzentriert sich nach vorn, geben Sie das Lautsignal, ohne den Arm zu bewegen. Er soll allein auf das Lautzeichen loslaufen.

Schritt 3: Hat er das Leckerli vertilgt, geben Sie gleichzeitig Ihr akustisches und optisches Komm-Signal (➜ Seite 28) und belohnen ihn erneut, wenn er zu Ihnen kommt.

Info: Bleibt Ihr Hund nicht sitzen, sollte Ihnen eine zweite Person assistieren. Sie selbst bleiben in der Fußposition und nehmen Ihre Voran-Körperhaltung ein. Dann stellt der Helfer die Futterschüssel auf den Boden, und Sie geben gleichzeitig das Lautsignal. Parallel zu dieser Übung sollten dann die Steadiness-Übungen (➜ Seite 30–33) gefestigt werden.

Schritt 4: Hat der Hund den Ablauf verstanden, verwenden Sie statt des Futternapfs ein Dummy, das er nach dem Aufnehmen zu Ihnen bringen soll. Die Distanz zwischen Hund und Dummy wird dann zunehmend vergrößert. Achten Sie darauf, das Dummy immer an gleicher Stelle auszulegen, während Sie den Punkt verlagern, von dem aus der Hund vorangeschickt wird. Gehen Sie in gerader Linie ca. 10 Meter zurück, sobald er auf dem Weg zum Dummy ist. Wenn Sie jetzt die Übung wiederholen, müssen Sie 10 Meter weiter laufen, um das Dummy wieder am gleichen Punkt abzulegen. Bauen Sie die Entfernung auf 100 Meter aus. Falls Ihr Hund nicht so lange sitzen bleibt, nehmen Sie ihn zum Auslegen des Dummys mit.

»Voran« mit linker Hand, ... mit rechter Hand, ...  mit Hand über dem Kopf.

BASISÜBUNGEN UND TRAININGSAUFBAU

2. Übung ## Stopp- oder Aufmerksamkeitspfiff

Der Stopp-Pfiff zeigt dem Hund an, dass jetzt etwas Neues passiert. Er soll daraufhin seine derzeitige Aktivität abbrechen und sich dem Menschen zuwenden – selbst wenn der sehr weit weg ist. Sie können den Stopp-Pfiff mit einem Sichtzeichen (nach oben gestreckter Arm) verknüpfen und zusätzlich das Hinsetzen Ihres Hundes damit verbinden.

BASISINFO
Der Aufmerksamkeitspfiff ist ein einzelner, deutlicher Pfiff mit der Signalpfeife.

Der Pfiff ist gewissermaßen das Bindeglied zwischen den einzelnen Einweis-Elementen. Er soll dem Hund signalisieren: »Achtung, konzentriere dich auf mich! Gleich passiert etwas Spannendes.« Entscheidend ist dabei, dass der Hund eine positive Erwartungshaltung aufbaut. Das können Sie zum Beispiel mit folgendem Spiel erreichen: Ziehen Sie einen Ball, der an einer Kordel befestigt ist, über den Boden. Folgt Ihr Hund dem Spielzeug, heben Sie es so weit hoch, bis Ihr Arm nach oben gestreckt ist, und geben Sie Ihr Lautsignal für »Sitz«. Führt der Vierbeiner den Befehl aus, loben Sie ihn und spielen weiter. Wiederholen Sie die Übung mehrmals, überlassen Sie Ihrem Hund das Spielzeug aber bei den ersten Versuchen nicht. Und achten Sie aufs richtige Timing für das Sitz-Signal: Das gemeinsame Spiel ist die Belohnung fürs Hinsetzen. Später darf Ihr Hund den Ball ab und zu erwischen, damit er nicht die Lust am Spiel verliert. Ist er mit Feuereifer dabei, pfeifen Sie einmal kurz, bevor Sie »Sitz« sagen. So lernt er, Pfiff und Wortsignal »Sitz« miteinander zu verknüpfen. Dann reicht schon bald der Pfiff aus, und Sie können auf das Wortsignal verzichten.

KONTAKTAUFNAHME AUF PFIFF
Sobald Ihr Hund nun deutliche Spannung beim Spiel aufbaut, können Sie den Stopp-Pfiff auch in anderen Situationen einsetzen. Warten Sie zum Beispiel beim Spaziergang eine Situation ab, wo Ihr Hund sich einige Meter von Ihnen entfernt hat und nicht intensiv mit etwas beschäftigt ist. Heben Sie jetzt den Arm, und geben Sie Ihren Stopp-Pfiff (→ Bild 1). Sobald sich Ihr Hund erwartungsvoll zu Ihnen umdreht und Blickkontakt aufnimmt, werfen Sie ihm ein Leckerli zu oder einen Ball, den er dann holen darf. Der Pfiff sorgt dafür, dass sich der Hund Ihnen zuwendet, er soll aber dort bleiben, wo er in diesem Moment ist. Lassen Sie ihn also auf keinen Fall zu sich kommen.

Lektion Einweisen

Signale beim Schicken

Beim Rechts-, Links- und Über-Kopf-Schicken (→ Seite 44/45) ist der Hund immer relativ weit von Ihnen entfernt. Darum muss er die Sichtzeichen und Lautsignale für die jeweilige Laufrichtung und die damit verbundenen Bewegungsabläufe gut kennen. Üben Sie die folgenden Körpersignale vor dem Spiegel, bis Sie die Bewegungen fast automatisch beherrschen.

BASISINFO
Die Signale beim Schicken werden aus dem Sichtzeichen des Stopp-Pfiffs entwickelt.

Rechts-Schicken: Sie stehen aufrecht, Ihr rechter Arm ist nach oben gestreckt. Bringen Sie ihn nun in eine waagrechte, ausgestreckte Position. Dabei zeigt die Handfläche offen nach vorn, sodass Ihr Hund sie sehen kann. Sie können das Ausstrecken des Arms mit einer leichten Körperbeugung nach rechts unterstützen (→ Bild 1). Achten Sie dabei aber darauf, dass Ihr Arm waagrecht bleibt und nicht nach hinten »wegklappt«. Führen Sie die Bewegung langsam aus, damit Ihr Hund sie gut verfolgen kann. Geben Sie dann Ihr Lautsignal, zum Beispiel »Rüber« oder »Go«.

Links-Schicken: Der Bewegungsablauf gleicht dem beim Rechts-Schicken, jetzt aber mit dem linken Arm (→ Bild 2). Es bietet sich an, beim Rechts- und Links-Schicken das gleiche Lautsignal zu verwenden.

Über-Kopf-Schicken: Sie stehen aufrecht, Ihr rechter oder linker Arm ist nach oben gestreckt. Nehmen Sie den Arm vor dem Körper auf Brusthöhe herunter und heben ihn mit einer leichten Vorwärtsbewegung wieder nach oben an (→ Bild 3). Auch hier soll der Hund die Handfläche sehen. Zur Unterstützung kann man einen Schritt nach vorn machen oder den Körper leicht nach vorn bringen. Geben Sie dabei ein Lautsignal, zum Beispiel »Zurück« oder »Back«.

Info: Achten Sie bei allen Sichtzeichen darauf, dass Ihre Körperspannung immer in die Richtung weist, in die der Hund laufen soll.

BASISÜBUNGEN UND TRAININGSAUFBAU

4.-6. Übung: Rechts- und Links-Schicken und Über-Kopf-Schicken

Voraussetzung für das erfolgreiche Trainieren der Übungen zum Schicken sind die »Signale beim Schicken« (→ Seite 43). Wichtig ist, dass Ihr Hund während der Übungen die Signale gut beobachtet, ihren Sinn versteht und sie zu unterscheiden lernt. Achten Sie bei den folgenden Übungen darauf, dass er die Drehungen exakt mit 90 oder 180 Grad ausführt.

BASISINFO
Der Hund wird auf Distanz mit Körper- und Lautsignal in die Richtung zum Dummy geschickt.

Bild 1: Vom Hund aus dreht sich der Mensch um 90 Grad nach links.

Bild 2: Das Dummy wird sichtig ausgelegt.

Der Aufbau ist bei allen Übungen gleich. Trainieren Sie in Gelände mit niedrigem Bewuchs, damit Ihr Hund das ausgelegte Dummy gut sieht.

RECHTS-SCHICKEN

Lassen Sie den Hund sitzen (→ Bild 1), drehen sich um 90 Grad nach links, gehen 20 Meter und legen dort das Dummy ab (→ Bild 2). Gehen Sie zum Hund zurück und belohnen ihn. Danach entfernen Sie sich 10 Meter in die Richtung, in die er sitzt, und drehen sich zu ihm um. Sie stehen ihm nun gegenüber, das Dummy liegt links von ihm. Strecken Sie den rechten Arm hoch und geben den Aufmerksamkeitspfiff (→ Bild 3), um Pfiff und Einweis-Elemente zu verknüpfen. Führen Sie jetzt Ihr Sichtzeichen fürs Rechts-Schicken aus und geben Ihr Lautsignal (→ Bild 4). Während Ihr Hund das Dummy holt, gehen Sie zu der Stelle, wo er gesessen hat, und rufen ihn mit dem Dummy zu sich.

Lektion Einweisen

Läuft der Hund auf Ihr Signal nicht sofort los, gibt es folgende Lösungsmöglichkeiten:
- Schauen Sie nicht den Hund an, sondern blicken Sie zum Dummy.
- Nachdem Sie das Signal gegeben haben, macht ein Helfer neben dem Dummy Geräusche oder wirft das Dummy erneut, bis der Hund schließlich losläuft.

Wiederholen Sie die Übung so lange, bis Ihr Hund fehlerfrei mitarbeitet, und vergrößern Sie erst dann die Entfernung zum Dummy. Während der Hund weiter entfernt abgesetzt wird, bleibt der Ablageort des Dummys stets gleich. Achten sie darauf, dass die Linien vom Dummy zum Hund und vom Hund zu Ihnen einen Winkel von 90 Grad bilden.

LINKS-SCHICKEN

Die Übung erfolgt spiegelverkehrt zum Rechts-Schicken.

ÜBER-KOPF-SCHICKEN

Setzen Sie den Hund ab, entfernen Sie sich um 15 Meter und legen dort das Dummy ab. Laufen Sie zum Hund zurück, drehen ihn um 180 Grad und belohnen ihn. Jetzt gehen Sie in Blickrichtung des Hundes 10 Meter weg und drehen sich um. Sie stehen ihm nun gegenüber, das Dummy liegt in gerader Linie hinter ihm. Strecken Sie einen Arm hoch, geben den Stopp-Pfiff und senden den Hund mit Sicht- und Lautzeichen fürs Über-Kopf-Schicken (→ Seite 43). Er dreht sich dabei um 180 Grad. Während er zum Dummy läuft, gehen Sie zu seinem Platz und rufen ihn, damit er das Dummy bringt.

ERWEITERTES TRAINING

- Vergrößern Sie bei allen Übungen zunächst die Distanz zwischen Dummy und Hund. Erst wenn der Hund die Drehungen ausführt und ohne Halt 50 Meter und mehr überwindet, folgt die letzte Übungseinheit.
- Verringern Sie die Distanz Dummy zum Hund wieder und vergrößern dafür die Entfernung zwischen sich und dem Hund bis auf 100 Meter, später erneut die Distanz zwischen Hund und Dummy. Behalten Sie in diesem Stadium die Position bei, von der aus Sie Ihren Hund geschickt haben.

Bild 3: Der Aufmerksamkeitspfiff baut Spannung beim Hund auf. **Bild 4:** Auf das Signal fürs Rechts-Schicken läuft der Hund zum Dummy.

BEI DER SUCHE VERLÄSST SICH DER HUND SOWOHL AUF DIE NASE WIE AUF SEINE AUGEN.

Das Training der Sinnesleistungen

Außergewöhnliche Talente muss man fördern: Der Hund verfügt über hochempfindliche Sinnesorgane, die im Dummytraining besonders trainiert werden. So lernt Ihr Vierbeiner, wie er seine Nase, Augen und Ohren gezielt einsetzen kann.

Das kräftige Blau des Dummys und die Flatterbänder lenken die Augen des Hundes auf das fliegende Dummy.

Training für Augen, Nase und Ohren

Trotz veränderter Lebensbedingungen und der nicht in erster Linie auf die jagdliche Eignung ausgerichteten Zuchtbestrebungen haben sich Jagdleidenschaft und Beutetrieb des Hundes auch nach vielen tausend Jahren der Domestikation und Partnerschaft mit dem Menschen weitgehend erhalten. Wie schon bei seinen wild lebenden Vorfahren prädestinieren die Sinnesorgane den Hund vor allem für die Jagd auf schnelle Beutetiere in der Morgen- und Abenddämmerung. Im Dummytraining werden der optische Sinn des Hundes bei den Markierungen (➙ Seite 54–57) und seine Nasenleistung bei der Suche (➙ Seite 50–53) gezielt eingesetzt und gefördert.

Optischer Sinn, Riechleistung und Hörvermögen

Augen: Wir sehen schärfer als der Hund, dafür sind seine Augen unseren in der Dämmerung überlegen. Hundeaugen reagieren vor allem auf Bewegungen, unbewegliche Objekte registrieren sie kaum. Mit 240 Grad ist das Sehfeld des Hundes breiter als das des Menschen (200 Grad); dreidimensional sehen Hunde je nach Rasse im Bereich von 60–90 Grad (Mensch: 120 Grad). Im Gegensatz zu unserem Auge gibt es im Hundeauge nur zwei Zäpfchentypen (Fotorezeptoren zur Farbwahrnehmung). Daher kann der Hund zwar Farben sehen, erkennt aber Rot nicht, während er blaue und weiße Farben besonders gut wahrnimmt.

Nase: Das Riechfeld in der Hundenase umfasst sehr viel mehr geruchsempfindliche Rezeptoren (»Riechzellen«) als bei uns: Beim Schäferhund sind es 220 Millionen, beim Dackel 125, beim Menschen 8 Millionen. Das Riechhirn macht zehn Prozent des Gehirns eines Hundes aus, bei uns umfasst es lediglich ein Prozent. Die Hundenase kann zwischen rechts und links unterscheiden, nimmt also Gerüche quasi »in Stereo« wahr.

Ohren: Hundeohren hören Töne bis zur Frequenz von 50.000 Hz (Mensch: 20.000 Hz). Mit den beweglichen Ohrmuscheln können sie Geräuschquellen exakt orten.

DIE SINNE DES HUNDES SCHÄRFEN

Der Hund reagiert auf Gerüche, die wir nicht wahrnehmen, und für ihn haben bestimmte Geräusche eine Bedeutung, die wir nicht nachvollziehen können. Züchterische Selektion hat die Leistung der Sinnesorgane bei manchen Rassen noch erheblich verstärkt. Neben dem Erscheinungsbild spielen in der Zucht heute vor allem die »inneren Werte« eine entscheidende Rolle. Das beschränkt sich nicht nur auf Gebrauchshunde, wie die Jagd- und Hütehundrassen, bei denen die Züchter schon immer ihr besonderes Augenmerk auf hoch entwickelte Sinnesleistungen gelegt haben.

Bei den Übungen für die Sinnesleistungen spielen die unterschiedlichen Fähigkeiten der Hunde eine entscheidende Rolle und sollten bei der Planung der Übungen wie auch bei der Beschaffenheit des Übungsgeländes und bei den benötigten Utensilien (zum Beispiel durch die Wahl einer geeigneten Dummyfarbe) berücksichtigt werden.

Oben: Das Hundeauge nimmt in erster Linie Bewegungen wahr. Links: Die supersensible Nase ist das wichtigste Sinnesorgan des Hundes. Rechts: Die beweglichen Ohrmuscheln sind in der Lage, Geräuschquellen exakt zu orten.

DAS TRAINING DER SINNESLEISTUNGEN

Lektion Suche: immer der Nase nach

Bei der Niederwildjagd folgt der Hund seiner Nase, um erlegtes Wild zu finden. Im Dummytraining gibt es dazu zwei Bereiche:
Freiverlorensuche: Der Hund sucht ein großes Areal ab, nimmt das Dummy auf und bringt es zurück. Dabei bewegt er sich relativ rasch, immer mit der Nase am Boden. Der optische Sinn spielt nur eine untergeordnete Rolle. Der Hund kennt die Position des Dummys nicht.
Kleine Suche: Bei dieser Übung (→ Seite 52) sucht der Hund in einem begrenzten Bereich nach dem Dummy. Da er intensive Nasenarbeit leisten und das Areal Meter für Meter absuchen muss, bewegt er sich eher langsam. Die Augen übernehmen keine Aufgabe. Wie bei der Freiverlorensuche ist auch hier die Dummy-Position nicht bekannt. Der Hund soll im Suchgebiet bleiben und nicht zu schnell zur großräumigen Suche übergehen.

NASENARBEIT AUF KOMMANDO

Bei der Suche lernt Ihr Hund vor allem, seine Nase auf ein Lautsignal hin einzusetzen. Meist wird dafür ein Wort wie »Such« oder »Search« verwendet, es kann aber auch ein Pfeifsignal sein. Das Pfeifsignal sollte aus mehreren Pfiffen bestehen und sich »spielerisch und lockend« anhören. Die Pfiffe nimmt der Hund im Gegensatz zu anderen Lautsignalen auch über große Distanzen wahr, und der Mensch kann sie bei jeder Wetterlage (Regen, Gegenwind) einsetzen. Zusätzlich kann man als optisches Signal eine kreisende Handbewegung machen, um den Hund ins Suchgebiet zu schicken.
Hat der Hund das Dummy gefunden, soll er es auf direktem Weg zurückbringen. Er muss also lernen, es zügig aufzunehmen, nicht weiterzusuchen und Dummys zu ignorieren, die er auf dem Rückweg entdeckt.

VOR DEM TRAINING
- ☐ Verinnerlichen Sie sich die unterschiedlichen Zielsetzungen bei der Suche.
- ☐ Überlegen Sie, wie Ihr Hund meist sucht (z. B. mit der Nase tief am Boden).
- ☐ Probieren Sie den Such-Pfiff zuerst einmal ohne den Hund aus.
- ☐ Halten Sie die benötigen Utensilien bereit.
- ☐ Wählen Sie ein geeignetes Gelände im Freien oder im Haus.

LERNZIELE
- ☐ Der Hund befolgt bei der Suche einen Pfiff oder ein Wortsignal, z. B. »Such«.
- ☐ Er setzt beim Suchen die Nase ein und beginnt erst auf das Signal mit der Suche.
- ☐ Er sucht ein bestimmtes Gelände systematisch ab und verlässt das Gebiet nicht.
- ☐ Er arbeitet selbstständig und sucht auch dann weiter, wenn er das Dummy nicht auf Anhieb findet.

Lektion Suche

1. Übung Verknüpfen von Suche und Lautsignal

Alle Hunde schnüffeln gern und suchen mit der Nase nach interessanten Gerüchen. Die folgende Übung verknüpft diese Nasenarbeit mit einem Lautzeichen. Das kann ein Pfeifton oder ein Wortsignal sein. Das Signal dient hier nicht dazu, den Hund zur Suche aufzufordern. Da es erst gegeben wird, wenn er die Nase am Boden hat, verstärkt es vielmehr die Suchaktion selbst.

BASISINFO
Konditionieren der Suche mit dem Lautsignal.

Schritt 1: Beginnen Sie die Übung zu Hause, wo Ihr Hund nicht von fremden Gerüchen abgelenkt wird. Verstecken Sie ein Leckerli am Boden. Ihr Hund darf dabei zuschauen. Dann geben Sie ihm ein Freizeichen zum Loslaufen (»Lauf«, »Okay«), verwenden aber noch nicht das Such-Signal (→ Bild 1). Erst wenn er mit der Nase am Boden nach dem Keks sucht, folgt Ihr spezielles Lautsignal. Er verknüpft jetzt das Lautzeichen mit dem angenehmen Duft des Leckerlis.

Schritt 2: Wiederholen Sie Schritt 1 mehrfach, verstecken Sie dabei das Leckerli an schwierigeren Plätzen oder lassen den Hund beim Verstecken nicht zuschauen. Geben Sie das Such-Signal nicht als Ansporn, sondern nur, wenn Ihr Hund den Keks riechen kann.

Schritt 3: Wenn Sie das Gefühl haben, dass Ihr Hund Suchaktion und Signal verknüpft hat, geben Sie das Signal nach und nach immer früher, bis er schon das Signal als Aufforderung zur Suche versteht. Jetzt können Sie auch im Freien üben. Setzen Sie keine Leckerlis als Belohnung ein, damit es sich der Hund nicht angewöhnt, Dinge vom Boden zu fressen. Verwenden Sie besser ein Spielzeug, aber kein weißes oder blaues, weil der Hund sonst eher seine Augen einsetzt. Verstecken Sie das Objekt im hohen Gras, damit er nur mit der Nase sucht (→ Bild 2).

DAS TRAINING DER SINNESLEISTUNGEN

2. Übung

Kleine Suche

Mit dieser Übung bringen Sie Ihrem Hund bei, in einem bestimmten Gebiet systematisch und ausdauernd nach einem Dummy zu suchen. Er soll dabei konsequent mit der Nase arbeiten und auch dann im Gebiet bleiben, wenn er das Dummy nicht sofort aufstöbert. Die Verknüpfung zwischen akustischem Such-Signal und dem Einsatz der Nase wird hier weiter trainiert.

BASISINFO
Der Hund lernt, in einem räumlich begrenzten Areal intensiv nach Dummys zu suchen.

Schritt 1: Wählen Sie ein Gelände, das sich von der Umgebung unterscheidet, zum Beispiel eine Zone mit höherem Gras um einen Baum in einem ansonsten gemähten Bereich. Das Suchgebiet sollte höchstens 5 mal 5 Meter groß und frei von Dornen oder Brennnesseln sein. Nach Kontakt mit solchen Pflanzen würde Ihr Hund das Gebiet sonst meiden.

Schritt 2: Setzen Sie Ihren Hund in der Nähe des Suchgebiets ab. Bleibt er nicht von allein sitzen, befestigen Sie ihn mit der Leine oder lassen ihn von einem Helfer halten. Verstecken Sie vier oder fünf Dummys im Suchgebiet, wobei Ihr Hund Sie beobachten darf. Geeignet sind rote, orange- oder olivfarbene Dummys. Da Hunde diese Farben nur schlecht wahrnehmen, verlassen sie sich mehr auf die Nase. Verstecken Sie die Objekte im Bewuchs, damit der Hund intensiv suchen muss (➡ Bild 1). Bei kleinen Dummys ist die Aufgabe schwieriger.

Schritt 3: Gehen Sie zum Hund, und schicken Sie ihn mit Handbewegung und Lautsignal für die Suche ins Suchgebiet (➡ Bild 2). Sobald er ein Dummy in die Nase bekommt (➡ Bild 3), geben Sie erneut das Lautsignal. Hat er das Dummy aufgenommen, animieren Sie ihn mit dem Komm-Signal zum Bringen. Das wiederholt sich, bis er alle Dummys gefunden hat. Wenn alles wie gewünscht läuft, können Sie bei den Folgeübungen weniger Dummys auslegen.

Lektion Suche

3. Übung

Freiverlorensuche

In dieser Übung lernt Ihr Hund, ein größeres Gebiet systematisch und selbstständig nach Dummys abzusuchen. Bei der Suche muss er seine Nase einsetzen und soll auch dann innerhalb des Suchareals bleiben, wenn er die Dummys nicht auf Anhieb findet. Mit Ihrem Komm-Signal fordern Sie den Hund auf, jedes gefundene Dummy einzeln zurückzubringen.

BASISINFO
Der Hund sucht in einem großen, nur mäßig bewachsenen Gelände mit Nase und Augen.

Schritt 1: Wählen Sie ein Gelände mit lichtem Bewuchs, zum Beispiel eine Wiese mit etwas höherem Gras oder ein Wäldchen. Die Fläche sollte ca. 50 mal 50 Meter groß sein, anfangs auch kleiner. Sie muss sich vom Suchgebiet der »Kleinen Suche« (→ linke Seite) deutlich unterscheiden. Meiden Sie Dornengestrüpp oder Ähnliches, damit sich Ihr Hund ungehindert bewegen kann, und vergewissern Sie sich, dass Sie ihn während seiner Suche im Blick haben können.

Schritt 2: Setzen Sie den Hund in der Nähe des Areals ab. Falls er nicht sitzen bleibt, befestigen Sie seine Leine oder bitten einen Helfer, ihn zu halten. Verstecken Sie bis zu zehn Dummys im Suchgebiet. Ihr Hund darf zuschauen (→ Bild 1). Sie können grüne Standarddummys nehmen, da der Hund sich bei dieser Suche auch auf die Augen verlässt. Verstecken Sie die Dummys nicht zu gut, damit er sie beim Laufen wittert.

Schritt 3: Schicken Sie ihn mit Such-Signal (Wort oder Pfiff) und Handbewegung los. Bei der Suche auf großer Fläche (→ Bild 2) wird das Lautsignal für die Suche nicht erneut gegeben. Hat Ihr Hund ein Dummy gefunden, fordern Sie ihn mit Ihrem Komm-Signal zum Bringen auf (→ Bild 3). Er sollte möglichst schnell kommen und unterwegs kein weiteres Dummy aufstöbern.

Info: Klappt die Übung, legen Sie weniger Dummys aus oder vergrößern die Fläche.

DAS TRAINING DER SINNESLEISTUNGEN

Lektion Markierungen: alles gut im Blick

Auch die Markierungen stammen aus der Niederwildjagd, wo der Hund die Flugbahn des geschossenen Wilds beobachten und sich die Fallstelle merken soll. Im Dummytraining ist die Aufgabe ähnlich: Hier wird das Dummy von einem Helfer so geworfen, dass der Hund die Flugbahn und (oder) die Fallstelle teilweise oder ganz sehen kann.

Gutes Beobachten ist wichtig

Bei den Übungen für die Markierungen lernt der Hund, seine Augen zu gebrauchen. Er beobachtet die Flugkurve des Dummys und merkt sich den Ort, wo es gelandet ist.
- Ziel des Trainings ist es, dass er sich ein Bild von der Fallstelle macht und abschätzen kann, in welche Richtung und wie weit er dorthin laufen muss.
- Damit Ihr Hund dazu in der Lage ist, muss er während des Dummywurfs ruhig in der Fußposition sitzen und das Geschehen aufmerksam beobachten.
- Dann läuft er auf ein Lautsignal hin zum Dummy. Hier gleicht er das Bild, das er sich von der Fallstelle gemacht hat, mit den örtlichen Gegebenheiten ab.
- Findet er das Objekt nicht sofort, arbeitet er auch mit der Nase. Schließlich nimmt er das Dummy auf und bringt es zurück.

NUR MIT LAUTSIGNAL

Bei Markierungen wird der Hund nur auf ein Lautsignal geschickt, zum Beispiel »Go«, »Apport« oder »Bring«. Markierungen trainiert man auf Distanzen bis 150 Meter. Dabei darf ein Dummy in jedem denkbaren Gelände landen. Fällt es ins Wasser, spricht man von einer Wassermarkierung (➙ Seite 58/59). Auch der Weg zur Fallstelle kann durch unterschiedliches Gelände führen.

VOR DEM TRAINING
- ☐ Bitten Sie eine zweite Person um Mithilfe, und zeigen Sie ihr, wo sie sich aufstellen und was sie machen soll.
- ☐ Halten Sie verschiedene Dummys bereit.
- ☐ Wählen Sie ein geeignetes Gelände, indem Sie die Bodenbeschaffenheit und den Bewuchs in Augenschein nehmen und Windverhältnisse und Hintergrund prüfen.
- ☐ Wählen Sie Ihr Lautsignal aus.

LERNZIELE
- ☐ Der Hund hat das Dummy während der gesamten Flugphase im Blick.
- ☐ Er schätzt die Entfernung zur Fallstelle richtig ein und kann sie sich merken.
- ☐ Er sucht im Fallgebiet und vergleicht das Bild, das er sich zuvor gemacht hat, mit den Gegebenheiten vor Ort.
- ☐ Es sucht ausdauernd und kleinräumig und verlässt das Fallgebiet nicht.

Lektion Markierungen

1. Übung Einzelmarkierung

Bei der Einzelmarkierung beobachtet der Hund die Flugbahn des Dummys, läuft zur Fallstelle, nimmt das Dummy auf und bringt es zurück. Er soll sich dabei auf seine Augen verlassen und erst an der Fallstelle suchen. Übungsaufbau und äußere Gegebenheiten wie Hintergrund, Windverhältnisse und Geländestruktur können sich hier direkt auf den Lernerfolg auswirken.

BASISINFO
Der Hund lernt, die Fallstelle einzuschätzen.

Das Training der Einzelmarkierung läuft am besten, wenn Ihnen ein Helfer assistiert, der das Dummy für den Hund wirft. Ist niemand verfügbar, können Sie das Dummy auch selbst werfen: Lassen Sie den Hund dazu sitzen, werfen Sie das Dummy von der Helferposition aus, und gehen Sie zu Ihrem Hund zurück. Dem Hund fehlt dann allerdings eine Orientierungsmöglichkeit.

- Ihr Hund soll den Flug des Dummys verfolgen und beobachten, wo es aufkommt. Das Objekt muss sich daher im Flug gut vom Hintergrund abheben und sollte möglichst hoch geworfen werden.
- Das Gelände darf unterschiedlich strukturiert sein (→ linke Seite), sollte anfangs aber nur einen kurzen Bewuchs aufweisen, damit Ihr Hund die Fallstelle des Dummys auch wirklich einsehen kann. Nur so lernt er, das Bild, das er sich beim Warten in der Fußposition neben Ihnen gemacht hat, mit den tatsächlichen Gegebenheiten an der Fallstelle abzugleichen.
- Da der Wind dem Hund den Geruch des Dummys zuträgt, sollten Sie anfangs mit Seitenwind arbeiten.
- Planen Sie vorab den genauen Übungsablauf, und suchen Sie ein geeignetes Gelände.

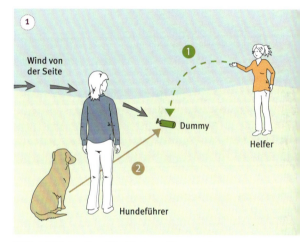
Bild 1: Aufbau einer Markierungsübung unter Berücksichtigung der Windrichtung.

ÜBUNGSAUFBAU

Schritt 1: Positionieren Sie sich mit Ihrem Hund in Fußposition so, dass der Wind von der Seite kommt, während Ihr Helfer sich etwa 20 Meter von Ihnen entfernt so aufstellt, dass er das Dummy gegen den Wind werfen kann. Das ist für das Suchverhalten des Hundes an der Fallstelle nicht unerheblich. Vor allem unerfahrene Hunde orientieren sich in der Regel an der Person, die das Dummy wirft. Läuft Ihr Hund daher in die Richtung des Helfers, trägt ihm der Wind den Geruch des Dummys zu, was seine Suche deutlich leichter macht und den Übungserfolg begünstigt.

Bild 3: Das weiße Dummy mit Streamer sieht man besser als das Standarddummy **(Bild 2)**.

Info: Bitten Sie Ihren Helfer, unmittelbar vor dem Werfen des Dummys ein Geräusch zu machen. Damit stellen Sie sicher, dass Ihr Hund seine ganze Aufmerksamkeit auf die Aktion der Hilfsperson richtet.
Schritt 2: Nachdem sich der Helfer entsprechend bemerkbar gemacht hat, wirft er das Dummy im hohen Bogen in den Wind.
Schritt 3: Sobald das Dummy gelandet ist, geben Sie Ihr Lautsignal und schicken den Hund los. Hat er es aufgenommen, fordern Sie ihn mit Ihrem Komm-Signal auf, es zu Ihnen zu bringen.
Schritt 4: Hat Ihr Hund das Dummy mehrmals hintereinander gefunden und schnell zu Ihnen zurückgebracht, vergrößern Sie die Distanz und entfernen sich mit ihm von der Hilfsperson. Die Fallstelle bleibt gleich, Sie sind aber weiter vom Helfer weg.

Info: Wie gut der Hund die Fallstelle des Dummys einschätzt, hängt auch von seiner Rasse ab. Retrievern und den meisten Hütehunden fällt das relativ leicht, Stöberhunde und andere, vorrangig auf gute Nasenarbeit gezüchtete Rassen tun sich schwerer.
Wahl der Dummys: Klappt es mit grünen 500-Gramm-Standarddummys (➜ Bild 2) nicht, setzen Sie andersfarbige oder speziell markierte Dummys ein.

WENN ES NICHT SO LÄUFT, WIE ES SOLLTE …

Es kann mehrere Gründe haben, wenn es Ihrem Hund schwerfällt, die Fallstelle des Dummys richtig einzuschätzen:
- Er verfolgt die Flugbahn des Dummys nicht. Wecken Sie sein Interesse mit weißen Bändern, die am Wurfgriff des Dummys befestigt werden (➜ Bild 3). Die »Streamer« genannten Bänder gibt es im Fachhandel. Geeignet sind auch breite Geschenkbänder.
- Er schätzt Richtung oder Entfernung zur Fallstelle falsch ein. Abhilfe schaffen blaue oder weiße Dummys (weiße Socke übers Dummy ziehen, ➜ Bild 3) oder halb weiße, halb farbige Markierdummys, die vor dem Hintergrund besser zu sehen sind.
- Er wartet nicht, bis das Dummy am Boden ist, sondern läuft zu früh los. Nehmen Sie Ihren Hund an die Leine und geben ihn erst frei, wenn das Dummys gelandet ist. Darüber hinaus sollten Sie die Übungen zur Steadiness (➜ Seite 30–33) wiederholen.
- Er blickt Sie immer an, wenn das Dummy geworfen wurde. Warten Sie, bis er wieder in Richtung Dummy schaut, und schicken Sie ihn erst dann los. Ihr Hund soll lernen, seine Augen auf dem Dummy zu behalten.

Lektion Markierungen

2. Übung: Einzelmarkierung im schwierigen Gelände

Sobald Ihr Hund die Fallstelle des Dummys in einer übersichtlichen Umgebung und auf Distanzen bis 100 Meter zuverlässig anläuft, können Sie den Schwierigkeitsgrad der Lektion mit Einzelmarkierungen im anspruchsvollen Gelände mit höherem Bewuchs steigern. Auch hier soll der Hund Richtung und Entfernung einschätzen und erst an der Fallstelle zu suchen beginnen.

BASISINFO
Dummysuche ohne direkten Sichtkontakt.

Schritt 1: Wählen Sie ein Übungsgelände aus, dessen Bewuchs so hoch ist, dass Ihr Hund die Fallstelle des Dummys nicht einsehen kann, Sie aber seine Aktionen jederzeit beobachten können.
Schritt 2: Präparieren Sie die unmittelbare Umgebung der Fallstelle, indem Sie eine etwa 3 mal 3 Meter große Fläche niedertreten (➔ Bild 1) und das Dummy mehrmals auf den Boden legen und wieder aufheben, um so seinen Geruch zu verteilen.
Schritt 3: Der weitere Ablauf stimmt mit dem der Einzelmarkierung (➔ Seite 55)

überein – allerdings kann der Hund die Fallstelle hier nicht sehen. Der Helfer wirft jetzt ein weißes Dummy in die markierte Zone, das Ihr Hund nun holt (➔ Bild 2).
Schritt 4: Klappt die Suche im präparierten Gebiet zuverlässig, wirft der Helfer das Dummy ins hohe Gras daneben, und zwar so, dass der Wind den Dummygeruch in den niedergetretenen Bereich trägt. Läuft das gut, verkleinern Sie das markierte Areal und setzen grüne Dummys ein.
Info: Kommt Ihr Hund mit diesen Bedingungen zurecht, trainieren Sie in anspruchsvolleren Geländestrukturen (Buschwerk, Gräben, Senken). Achten Sie aber darauf, dass er dabei nicht zu schnell zur großräumigen Suche übergeht.

DAS TRAINING DER SINNESLEISTUNGEN

Extra WASSERARBEIT MIT DUMMYS

Das Apportieren aus dem Wasser und das Arbeiten am Wasser ist ein wichtiger Bereich der Niederwildjagd. Wegen der Komplexität des Themas kann hier nur ein kurzer Überblick über die Wasserarbeit im Rahmen des Dummytrainings gegeben werden.

Bei der Wasserarbeit sind viele Hunde in ihrem Element.

Bei der Niederwildjagd apportiert der Hund auch geschossene Wasservögel **aus dem Wasser und dem Bewuchs rund ums Wasser**, meist aus dem Schilf. Bei dieser Apportierarbeit kommt es auf folgende Punkte an, die auch im Dummytraining wichtig sind:

Ruhe am Wasser: Der Hund muss ruhig am Wasser sitzen und beobachten, auch dann, wenn er das Platschen eines Objekts hört, das auf der Wasseroberfläche aufschlägt.

Sofortige Wasserannahme: Wenn der Hund zum Apportieren losgeschickt wird, soll er sofort und ohne zu zögern ins Wasser gehen.

Ob er dabei langsam ins Wasser läuft oder hineinspringt, spielt keine Rolle.

Zurückbringen des Dummys: Nachdem er mit dem Dummy ans Ufer zurückgeschwommen ist, soll er, ohne sich zu schütteln und ohne das Dummy abzulegen, schnell und auf dem direkten Weg zum Hundeführer zurücklaufen und ihm das Dummy in die Hand geben.

Alle Anforderungen und Vorgaben an das Apportieren im und am Wasser haben ihren **Ursprung in der jagdlichen Situation**. Sie sollen verhindern, dass Wildtiere beunruhigt oder geschossenes Wild beschädigt wird.

Wasserarbeit mit Dummys

Die richtigen Dummys: Grundsätzlich sind alle Dummys schwimmfähig und bleiben folglich an der Wasseroberfläche. Das Auffinden eines Dummys im Wasser stellt für den Hund daher kein Problem dar. **Spezielle Wasserdummys** können mit Wasser gefüllt werden. Sie liegen deutlich tiefer im Wasser und **fördern dadurch die Augenleistung des Hundes.**

Nicht immer im Wasser: Bei der Wasserarbeit lernt der Hund, dass ein Dummy auch außerhalb des Wassers liegen kann, etwa **in der Ufervegetation,** am gegenüberliegenden Ufer oder auf einer Insel. Im Lauf der Ausbildung lernt er auch, die **Strömungen von Gewässern einzuschätzen.**

Trainingsschritte

Grundbedingung: Ihr Hund muss schwimmen können und sollte gern ins Wasser gehen.

Bei der **Eingangsübung** soll er ein ins Wasser geworfenes Dummy holen. Wichtig ist, dass er **ruhig am Ufer wartet,** bis Sie ihm das Signal zum Apportieren (zum Beispiel »Apport«) geben. Ist er auf dem Rückweg, gehen Sie ein paar Schritte vom Wasser weg, rufen ihn mit Ihrem Komm-Signal, sobald seine Pfoten den Boden berühren, und laufen schnell weg. Dann rennen nämlich die meisten Hunde hinter ihrem Halter her und haben keine Zeit, sich das Wasser aus dem Fell zu schütteln. Loben Sie ihn, wenn er Ihnen das Dummy bringt.

Lassen Sie Ihren Hund **Dummys in Gewässernähe an Land** apportieren, damit er lernt, dass er hier Dummys nicht immer aus dem Wasser holen darf. Werfen Sie ein Dummy über einen nicht zu breiten Fluss, sodass Ihr Hund das Wasser überqueren muss, um es zu holen. Das Dummy sollte zuerst **nahe vom anderen Ufer im Wasser** landen, später am Ufer selbst. Animieren Sie ihn, mit dem Dummy sofort ins Wasser zu gehen und zurückzuschwimmen.

Vergrößern Sie die Ausgangsentfernung zum Ufer Schritt für Schritt, wenn der Hund ohne anzuhalten vom Ufer ins Wasser läuft.

Übungen variieren: Erweitern Sie das Training erst, wenn Ihr Hund die Grundlagen (ruhig abwarten, ohne zu zögern ins Wasser gehen, Dummy nicht ablegen) verstanden hat.

> ## Tipp
> Berücksichtigen Sie bitte beim Training der Wasserarbeit, dass viele **Gewässer in Privatbesitz** und nicht frei zugänglich sind. Achten Sie auch auf **Wasserschutz- und Wildzonen,** und stören Sie die Tiere an und auf Flüssen, Teichen und Seen besonders dann nicht, wenn sie **brüten oder Junge haben.**

Nachdem der Hund das Dummy im Wasser aufgenommen hat, soll er es unverzüglich und ohne sich am Ufer zu schütteln zum Hundeführer bringen.

Basisübungen kombinieren

Bisher wurde jeder Themenbereich des Dummytrainings separat für sich geübt. Jetzt geht es darum, die einzelnen Lektionen zu kombinieren. Diese Übungen fördern die Flexibilität des Hundes und sind eine gute Lernzielkontrolle für die Basisübungen.

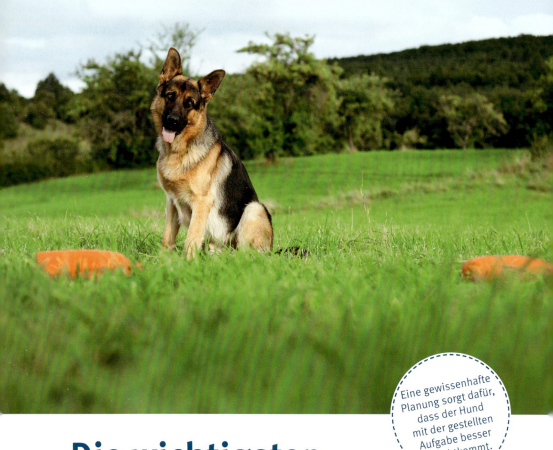

Eine gewissenhafte Planung sorgt dafür, dass der Hund mit der gestellten Aufgabe besser zurechtkommt.

Die wichtigsten Kombinationsübungen

In den vorangegangenen Kapiteln haben Sie jeden Themenbereich des Dummytrainings separat mit Ihrem Hund geübt, um ihm Abläufe und Anforderungen der Basislektionen zu vermitteln. Er hat bei der Fußarbeit die Fußposition kennengelernt. Er weiß, dass es ein Signal dafür gibt und dass es sich lohnt, die Position auch in der Bewegung beizubehalten. Er hat gelernt, sich auf seine Sinnesorgane zu verlassen und bei der Suche seine Nase und bei den Markierungen die Augen zu benutzen.

Nun geht es darum, diese Themenbereiche miteinander zu verbinden und eine neue Herausforderung für den Hund zu schaffen. Die Kombinationsübungen simulieren Situationen, wie sie im Alltag mit einem Hund oft vorkommen, und verbessern damit auch seine Führigkeit in den unterschiedlichsten Lebenslagen. Die Übungen stellen zum Teil hohe Ansprüche an den Hund. Sie fordern zugleich Ihre Kreativität, wenn es darum geht, aus der Vielfalt der möglichen Kombinationen die richtigen auszuwählen.

Die Basisübung muss sitzen

Hunden fällt es nicht leicht, erlernte Handlungsabläufe unabhängig vom konkreten Lernumfeld auch in anderen Situationen auszuführen. Ein Beispiel verdeutlicht das: Nach dem Training in der Wohnung hat Ihr Hund das Drehen am Fuß gelernt und hält die Fußposition bei. Das sieht anders aus, wenn Sie mit ihm im Freien üben und plötzlich sein bester Hundekumpel auf der Bildfläche erscheint. Jetzt kann es passieren, dass er die gewünschte Drehung nicht mitmacht, weil der Spezi interessanter ist. Eventuell müssen Sie die Fußübung sogar neu aufbauen. Daher ist es ganz entscheidend, dass Ihr Hund die Basisübungen wirklich verinnerlicht hat, bevor Sie sich mit ihm an den Kombinationsübungen versuchen.

PLAN B FÜR DEN NOTFALL

Stellen Sie einen exakten Ablaufplan auf, bevor Sie mit einer Übung beginnen, und überlegen Sie, in welcher Reihenfolge Sie die einzelnen Bereiche trainieren möchten. Suchen Sie sich dann ein von Struktur, Hintergrund und Windrichtung geeignetes Gelände. Spielen Sie die Aufgabe vorher theoretisch durch, und versuchen Sie einzuschätzen, wo Ihr Hund Probleme haben könnte. Legen Sie für diesen Fall einen Plan B fest, um eine Lösung parat zu haben, falls es einmal tatsächlich nicht mehr weitergeht. Im obigen Beispiel würde Plan B so aussehen: den Hund zuerst auf sich aufmerksam machen, Blickkontakt in der Fußposition belohnen und sich erst wegdrehen, wenn er konzentriert bei der Sache ist. Lässt er sich nicht wegdrehen, können Sie ihn noch mit Leckerlis locken.

WAS KANN KOMBINIERT WERDEN?

Bei den Kombinationen ist es wichtig, jeden Bereich einzeln für sich abzuarbeiten und zu belohnen. Das gibt Ihnen gleichzeitig eine gute Kontrolle darüber, ob Ihr Hund den bisherigen Lehrstoff begriffen hat und sicher beherrscht. Wenn es offensichtlich ist, dass die Anforderungen der Kombinationsübung noch zu hoch für den Hund sind, gehen Sie in dem Bereich, der ihm Probleme macht, zur entsprechenden Basisübung zurück. Trainieren Sie diese Einzellektion intensiv und auch mit erhöhtem Schwierigkeitsgrad.

- Im Dummytraining kann man folgende Themen kombinieren: Fußarbeit, Markierungen, Suche und Einweis-Übungen wie Rechts-, Links- und Über-Kopf-Schicken.
- Auf den Folgeseiten finden Sie Beispiele für Kombinationen. Ihrer Fantasie sind aber keine Grenzen gesetzt. Kombinieren Sie anfangs nur Übungen aus zwei verschiedenen Lektionen, um Ihren Hund nicht zu überfordern. Bei jeder Übung muss er die Chance haben, die Aufgabe zu bewältigen.

> **Tipp**
>
> Wenn Sie **Übungen kombinieren**, stellt das für den Hund eine große Herausforderung dar, da er jede Übung einzeln und in einem anderen Kontext gelernt hat. Als Teamführer müssen Sie ihm also **klare Trainingsstrukturen** vorgeben und sich voll und ganz **auf Ihren Hund konzentrieren**.

BASISÜBUNGEN KOMBINIEREN

1. Übung: Fußarbeit und Markierungen kombinieren

In diese Übung fließen Fußarbeit (➜ Seite 20–25) und Markierungen (➜ Seite 54–57) ein. Zuerst wird die Fußarbeit mit dem Wegdrehen vom Dummy und dem Beibehalten der Fußposition in der Bewegung trainiert. An einem bestimmten Punkt soll der Hund sich aus einer veränderten Position ans Dummy und dessen Fallstelle erinnern. Gefordert ist die Merkfähigkeit des Hundes.

VOR DEM TRAINING
- Ihr Hund beherrscht die Drehung am Fuß und hält die Fußposition in Bewegung.
- Er kann sich Markierungen merken.
- Prägen Sie sich den Übungsablauf ein, und überlegen Sie, wie Sie mögliche Probleme durch einen »Plan B« lösen können.
- Wählen Sie ein geeignetes Gelände.

LERNZIELE
- Der Hund merkt sich die Fallstelle einer Markierung, auch wenn er durch die Fußarbeit beansprucht wird oder die Markierung für kurze Zeit aus den Augen verliert.
- Er hält die Fußposition trotz Ablenkung.
- Er kann die Fallstelle einer Markierung auch nach Positionswechsel ansprechen.

Schritt 1: Der Übungsaufbau entspricht dem der Markierung (➜ Seite 54–57): Sie stehen mit dem Hund in Fußposition. Dann wirft ein Helfer oder Sie selbst ein Dummy.

Schritt 2: Nach dem Fall des Dummys drehen Sie den Hund um 180 Grad vom Dummy weg (➜ Bild 1) und belohnen ihn. Lässt er sich nicht drehen, versuchen Sie seine Aufmerksamkeit zu erringen, belohnen ihn und probieren die Drehung erneut.

Schritt 3: Nachdem Sie Ihren Hund in die dem Dummy entgegengesetzte Richtung gedreht haben, gehen Sie mit ihm ein paar Meter vom Dummy weg. Der Hund bleibt dabei in Fußposition (➜ Bild 2). Belohnen Sie ihn, wenn er die Position an Ihrer Seite zuverlässig hält. Auch hier gilt: Versuchen Sie seine Aufmerksamkeit zu erhalten, falls er sich nicht auf die Fußarbeit konzentriert, und belohnen Sie ihn, wenn er mitmacht.

Schritt 4: Nach einigen Schritten wenden Sie sich zum Dummy um. Sie sind nun ein paar Meter hinter Ihrem Ausgangspunkt. Ihr Hund sitzt in Fußposition. Er soll sich jetzt aufs Dummy konzentrieren und sich ein Bild von der Situation machen, um Richtung und Distanz zum Objekt zu beurteilen. Dann schicken Sie ihn mit Ihrem Lautsignal für Markierungen zum Dummy (➜ Bild 3).

WENN ES PROBLEME GIBT...

Problem 1: Da Sie sich zwischenzeitlich vom Dummy entfernt haben, schätzt Ihr Hund die Entfernung falsch ein. Er geht davon aus, dass das Dummy näher liegt, beginnt an dieser Stelle zu suchen und arbeitet sich dann in der Regel bis zur tatsächlichen Fallstelle vor. Um das zu verhindern, wiederholen Sie die Übung mit einem weißen Dummy, das Ihr Hund besser sehen kann.

Fußarbeit und Markierungen

Problem 2: Ihr Hund hat die Markierung vergessen, weil er sich zu intensiv mit der Fußarbeit beschäftigt hat. Das wird deutlich, wenn er nach Freigabe durch das Signal nicht zielgerichtet losläuft oder planlos sucht, ohne sich an die Fallstelle zu erinnern. Wiederholen Sie auch dann die Übung mit dem weißen Dummy. Schalten Sie nach der Fußarbeit und vor dem Losschicken noch folgende Aktion dazwischen: Der Helfer hebt das Dummy hoch, legt es mit einem Geräusch wieder auf die Erde und geht auf seine ursprüngliche Position zurück, bevor der Hund das Lautsignal erhält. Trainieren Sie die Übung mit diesem Zwischenschritt so oft, bis der Hund sich von selbst an die Markierung erinnert.

ÜBUNGSELEMENTE VERÄNDERN

Variante 1: Variieren Sie Dauer und Ablauf der Fußarbeit, wenn sich Ihr Hund nach dieser Übungseinheit noch gut an die Fallstelle des Dummys erinnern kann.

Variante 2: Gehen Sie in einem anderen Winkel von der Fallstelle weg, indem Sie sich nach der Landung des Dummys zum Beispiel um 90 Grad nach rechts oder links drehen und in diese Richtung laufen. Beim Zurückdrehen zum Dummy ergibt sich eine deutlich andere Optik als bei der Grundübung. Hier müssen Sie nun darauf achten, dass Ihr Hund nach dem Losschicken nicht den Weg zum Dummy zurückverfolgt, den Sie gegangen sind, sondern die direkte und kürzeste Linie wählt. Auch hier gilt: Hat sich Ihr Hund die Fallstelle nicht richtig gemerkt, kommt ein weißes Dummy zum Einsatz.

Variante 3: Auch mit Geländeübergängen können Sie den Weg zum Dummy variieren

und abwechslungsreich gestalten. Vielleicht gibt es in der Nähe einen Graben, über den Sie beim Weggehen mit Ihrem Hund springen können. Auch mit einem kleinen Waldstück, das Sie gemeinsam mit ihm passieren, lässt sich die Merkfähigkeit des Vierbeiners auf die Probe stellen. Er muss die für ihn schwierige Geländeformation anschließend auf dem Weg zum Dummy alleine meistern.

BASISÜBUNGEN KOMBINIEREN

2. Übung: Doppelmarkierungen

Bei Doppelmarkierungen werden zwei Dummys geworfen, und der Hund muss sich beide Fallstellen merken. Zum Lernziel der Lektion gehört es auch, dass er die Dummys nacheinander apportiert. Neben Augenleistung und Gedächtnis wird darüber hinaus die Fußarbeit des Hundes trainiert, da er den Körperdrehungen des Menschen in der Fußposition folgen soll.

VOR DEM TRAINING
- Ihr Hund befolgt das Signal »Sitz« und bleibt in dieser Position.
- Er beherrscht die Drehung am Fuß.
- Er bringt Dummys zuverlässig zurück.
- Sie haben sich den Trainingsablauf eingeprägt und die nötigen Utensilien dabei.

LERNZIELE
- Der Hund merkt sich die Fallstelle von zwei Dummys und erinnert sich nach der Arbeit mit dem ersten ans zweite Dummy.
- Er holt zuerst ein Dummy und gibt es ab, bevor er zum zweiten geschickt wird.
- Er lässt sich nach dem Wurf wegdrehen.

Bild 1: Vor dem Schicken soll sich der Hund aufs Dummy konzentrieren.

Für die Übung brauchen Sie zwei Dummys. Die Übung setzt sich aus verschiedenen Teilbereichen zusammen. Damit Ihr Hund die einzelnen Aufgaben besser meistern kann, legen Sie die Dummys zu Beginn selbst aus.

Schritt 1: Der Hund bleibt im Sitz, während Sie 15 Meter von ihm weggehen und das Dummy mit einem Geräusch ablegen (→ Bild 2). Dann gehen Sie zu Ihrem Hund zurück und belohnen ihn fürs Warten.

Schritt 2: Drehen Sie den Hund in Fußposition um 180 Grad, entfernen sich von ihm und legen das zweite Dummy wie das erste aus (→ Bild 3). Nachdem Sie wieder beim Hund sind, liegt das erste Dummy hinter Ihnen, das zweite vor Ihnen.

Schritt 3: Zeigen Sie kurz in Richtung des zweiten Dummys und schicken den Hund mit Ihrem Lautsignal dorthin (→ Bild 4). Hat er es aufgenommen, rufen Sie ihn mit dem Komm-Signal und loben ihn fürs Bringen.

Schritt 4: Drehen Sie sich mit Hund in Richtung des ersten, hinter Ihnen liegenden Dummys. Der Hund sitzt dann wieder in Fußposition. Auch hier hilft die Armbewegung in Richtung Dummy, um es ihm in

Erinnerung zu rufen. Schicken Sie ihn nun mit Ihrem Signal zum Dummy (→ Bild 5).
Varianten: Hat Ihr Hund den Ablauf begriffen, können Sie den Winkel zwischen den Dummys verkleinern, die Distanz zwischen sich und den Dummys vergrößern, schwierigeres Gelände wählen (→ Seite 57) oder den Hund zuerst zum ersten und dann zum zweiten Dummy schicken.

WENN ES PROBLEME GIBT...

Viele Hunde bevorzugen ein bestimmtes Dummy und interessieren sich kaum für das andere. So schaffen Sie bei den verschiedenen Problemkonstellationen Abhilfe:
- Ihr Hund favorisiert das zuerst gelegte Dummy, kann sich das zweite Dummy nicht gut merken und lässt sich kaum vom ersten wegdrehen. Verwenden Sie für das zweite ein weißes Dummy.
- Er bevorzugt das zuletzt gelegte Dummy. Nachdem er es geholt hat, erinnert er sich nicht mehr ans erste. Verwenden Sie hier als erstes Dummy ein weißes.
- Er läuft mit dem zuerst geholten Dummy zum anderen. Da er an Ihnen vorbeiläuft, können Sie ihn zu sich locken. Klappt das nicht, hebt ein Helfer das zuerst geworfene Dummy auf, bevor Sie den Hund zum anderen Dummy schicken. Nach dem Bringen des zuerst geholten Dummys legt der Helfer das andere Dummy wieder hin, und Sie schicken den Hund zu diesem Dummy.
- Er läuft aus dem Bereich des Dummys, das er holen soll, zum anderen. Das passiert oft, wenn der Winkel zwischen den Dummys klein ist und der Hund das Dummy nicht sofort findet. Legen Sie die Dummys so aus, dass er nicht lange suchen muss.

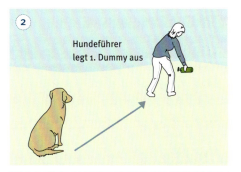
2 Hundeführer legt 1. Dummy aus

3 Hundeführer legt 2. Dummy aus — Hundeführer dreht Hund um 180°

4 Hund holt 2. Dummy

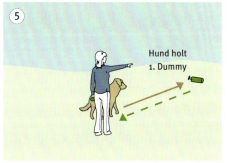
5 Hund holt 1. Dummy

BASISÜBUNGEN KOMBINIEREN

3. Übung: »Voran« und »Kleine Suche« kombinieren

In dieser Übungseinheit werden die Übungen »Voran« (➜ Seite 41) und »Kleine Suche« (➜ Seite 52) kombiniert. Der Hund soll auf das Laut- und Sichtzeichen für »Voran« eine bestimmte Strecke geradeaus laufen und im Suchgebiet auf das Such-Signal (Wort oder Pfiff) das Dummy suchen. Diese Kombination wird auch »Einweisen ins Suchgebiet« genannt.

VOR DEM TRAINING
☐ Ihr Hund hat das »Voran« gelernt.
☐ Er kann zwischen »Voranlaufen« und »Suchen« unterscheiden.
☐ Er weiß, dass er nach dem Such-Signal mit der Nase am Boden suchen soll.
☐ Wählen Sie ein Übungsgelände, und achten Sie auf die Umgebungsbedingungen.

LERNZIELE
☐ Der Hund läuft auf das Laut- und Sichtzeichen für »Voran« in einer geraden Linie.
☐ Er beginnt erst zu suchen, wenn ihm das Lautsignal für die Suche gegeben wird.
☐ Er verlässt das Suchgebiet während der Suche nicht, auch wenn er schon länger kein Dummy gefunden hat.

Wählen Sie ein passendes Übungsgelände. Der Bewuchs darf hier etwas höher sein und sollte dem für die »Kleine Suche« (➜ Seite 52) ähneln. Die Vegetation rings ums Sucharealhingegen sollte nach Möglichkeit spärlich und niedrig sein.

Schritt 1: Entfernen Sie sich etwa 10 Meter vom Suchgebiet und stellen sich dort mit dem Hund in Fußposition so auf, dass Sie aufs Suchgebiet schauen. Achten Sie darauf, dass Sie an dieser Stelle Rückenwind haben. Um auch bei schwachen Windverhältnissen die Windrichtung zu ermitteln, kann man Seifenblasen benutzen oder Babypuder in die Luft pusten.

Schritt 2: Lassen Sie den Hund »Sitz« machen, und legen Sie einige Dummys im Suchgebiet aus. Die Dummys sollten zwar gut versteckt sein, Ihrem Hund aber trotzdem einen baldigen Sucherfolg sichern.

Schritt 3: Gehen Sie zum Hund zurück, und belohnen Sie ihn. Nehmen Sie dann aus der Fußposition Ihre Körperhaltung für »Voran« ein (➜ Seite 40), schicken den Hund mit dem Voran-Signal los und geben Ihr Lautsignal für die Suche, sobald er im Suchgebiet ist. Rufen Sie ihn mit dem Komm-Signal, wenn er ein Dummy aufgenommen hat.

Wichtig: Der Hund muss zuerst laufen und soll erst im Suchgebiet mit der Nasenarbeit beginnen. Fängt er schon früher zu suchen an, kehren Sie zur Voran-Übung zurück (➜ Seite 41) und wiederholen sie, bis er mit dem Voran-Signal das Laufen in eine bestimmte Richtung verknüpft. Setzt er hingegen im Suchgebiet auf Ihr Such-Signal hin nicht die Nase bei der Suche ein, müssen Sie die Basisübung »Kleine Suche« (➜ Seite 52) erneut trainieren, um den Hund wieder mit der Nasenarbeit vertraut zu machen.

»Voran« und »Kleine Suche«

SCHWIERIGKEITSGRAD ERHÖHEN

Hat Ihr Hund den Unterschied zwischen »Voran« und »Such« verstanden, können Sie die Übung anspruchsvoller gestalten.
- Vergrößern Sie die Distanz zwischen sich und dem Suchgebiet, und bauen Sie Geländestrukturen ein, etwa einen Graben.
- Legen Sie weniger Dummys aus, damit Ihr Hund intensiver suchen muss. Er soll auch dann im Suchgebiet bleiben und weitersuchen, wenn er nicht sofort fündig wird. Gibt er zu schnell auf, präparieren Sie das Gebiet vor der Übung: Legen Sie dazu mehrere Dummys aus, damit die Erde nach ihnen riecht. Dann nehmen Sie die Dummys wieder weg und legen nur einige wenige neu aus. Der Geruch der Dummys sorgt nun fast immer dafür, dass der Hund im Suchgebiet bleibt.
- Wählen Sie regelmäßig neue Standorte, von denen aus Sie Ihren Hund ins Suchareal schicken. Durch den Standortwechsel kann das gleiche Gebiet auf den Hund sehr unterschiedlich wirken (➔ Bild 1 und 2).
- Beim »Memory« legen Sie die Dummys aus, spielen dann aber mit dem Hund oder gehen mit ihm spazieren. Danach kehren Sie zum Suchgebiet zurück und schicken ihn mit Ihrem Voran-Signal los. So testen Sie, ob er die Übung verstanden hat.

- Beim »Blind« werden die Dummys ausgelegt, ohne dass der Hund zuschaut. Am Anfang sollte das im vertrauten Gelände geschehen. Nach dem Auslegen holen Sie Ihren Hund, bleiben 10–15 Meter vor dem Suchgebiet stehen und nehmen hier Ihre Voran-Haltung ein. Sobald der Hund bei der Sache ist und sich nach vorne konzentriert, schicken Sie ihn mit dem Lautsignal los. Baut er die Spannung hingegen nicht auf und blickt Sie unsicher und fragend an, laufen Sie kurz durch das Suchgebiet, ohne ein Dummy aufzuheben, und versuchen es erneut. Lässt sein Vertrauen ins »Voran« jetzt noch zu wünschen übrig, trainieren Sie vorerst wieder die Basisübung »Voran« oder die Memory-Variante.

BASISÜBUNGEN KOMBINIEREN

4. Übung: »Voran«, »Kleine Suche« und Markierungen kombinieren

Markierungen (→ Seite 54–57) sind auf Sicht geworfene Dummys. Gefragt ist dabei die Augenleistung des Hundes. Die Kombination von »Voran« und »Kleine Suche« kennen Sie von Übung 3 (→ Seite 68). In dieser Übung wird nun zusätzlich durch die Verknüpfung mit Markierungen die Merkfähigkeit des Hundes besonders trainiert.

VOR DEM TRAINING
- Ihr Hund kann sich die Fallstellen von Markierungen gut merken.
- Er beherrscht die Drehung am Fuß.
- Er baut nach dem Voran-Signal Spannung in die angezeigte Richtung auf.
- Er sucht auf Ihr Signal hin und verlässt das Suchgebiet nicht.

LERNZIELE
- Der Hund lässt sich von Markierungen (geworfenen Dummys) wegdrehen und konzentriert sich auf eine andere Richtung.
- Er erinnert sich nach der Suche im Suchgebiet an die Markierung.
- Er unterscheidet das Zeigen für die Markierung vom Körpersignal fürs »Voran«.

Bauen Sie die Übung zuerst so auf wie bei der Kombination »Voran« mit der »Kleinen Suche« (→ Seite 68/69), und verteilen Sie Ihre Dummys in einem Suchgebiet.

Schritt 1: Schicken Sie Ihren Hund ein- oder zweimal zur Dummysuche in dieses Gebiet.

Schritt 2: Drehen Sie sich mit dem Hund in Fußposition um 180 Grad, sodass Sie das Suchgebiet im Rücken haben. Bitten Sie jetzt einen Helfer, eine Markierung so zu werfen, dass sie – anfangs nur wenige Meter entfernt – vor Ihnen liegt.

Schritt 3: Ist das Dummy gefallen und der Hund hat sich die Fallstelle gemerkt, drehen Sie ihn wieder zum Suchgebiet hin, nehmen Ihre Voran-Haltung ein und schicken ihn mit dem Voran-Signal ins Suchgebiet und geben Ihr Lautsignal für die Suche. Hat er ein Dummy gefunden, rufen Sie ihn mit dem Komm-Signal zu sich.

Schritt 4: Drehen Sie sich mit dem Hund in Fußposition zur Markierung hin. Damit er sich an die Markierung erinnert, können Sie mit der Hand noch einmal in ihre Richtung zeigen. Achten Sie vor allem darauf, dass sich Ihre Körperhaltung jetzt sehr deutlich von Ihrer Voran-Haltung unterscheidet. Auf den Fotos kann man den Unterschied sehr gut erkennen (→ Bild 1 und 2). Schicken Sie Ihren Hund dann mit Ihrem Lautsignal zur Markierung.

WENN ES PROBLEME GIBT ...

Problem: In Übungsschritt 3 tritt relativ oft das Problem auf, dass der Hund das geworfene Dummy viel spannender findet als die bereits fürs »Voran« und die Suche ausgelegten Dummys. Das kann das Wegdrehen vom Dummy erschweren und verhindern, dass er sich aufs »Voran« konzentriert.

»Voran«, »Kleine Suche« und Markierungen

Lösung: Wenn Ihr Hund seine Aufmerksamkeit nach dem Wegdrehen nicht auf das Suchgebiet richtet, sondern sich immer wieder zur Markierung umdreht, sollten Sie ihn auf keinen Fall losschicken. Sorgen Sie vielmehr dafür, dass er sich nur auf Sie konzentriert, und gehen mit ihm ein paar Schritte in Richtung Suchgebiet, wobei der Hund in Fußposition bleibt. Erst dann nehmen Sie die Voran-Haltung erneut ein und kontrollieren, ob er jetzt die erforderliche Spannung aufbaut. Ist er nach wie vor sichtbar abgelenkt, müssen Sie das Procedere wiederholen, bei Bedarf sogar mehrfach. Interessiert sich Ihr Hund selbst nach mehreren Konzentrationsübungen für die Markierung, lassen Sie ihn Sitz machen, gehen ins Suchgebiet und zeigen ihm eines der hier liegenden Dummys, wobei Sie die Aktion mit einem Geräusch begleiten. Normalerweise wird sich der Vierbeiner jetzt auf das Suchgebiet konzentrieren können. Nachdem Sie wieder bei ihm sind, schicken Sie ihn in der Voran-Haltung und mit dem Voran-Signal los. Ist er mit dem Dummy bei Ihnen, drehen Sie ihn zur Markierung hin, um ihn dann mit Ihrem Lautsignal für Markierungen loszuschicken. Achten Sie stets darauf, dass Ihre Körperhaltung zum Signal passt.

VARIATIONEN

Hat Ihr Hund den Ablauf verstanden, können Sie die Entfernungen variieren oder den Winkel zwischen der Markierung und dem Suchgebiet verkleinern. Leichter läuft es, wenn Sie dabei zwischen Ihrem Hund und der Fallstelle der Markierung stehen, die Fallstelle also rechts von Ihnen liegt. Als zusätzliche Alternative können Sie den Hund zuerst zur Markierung schicken.

Körpersignal fürs Voranschicken.

Körperhaltung beim Zeigen auf eine Markierung.

BASISÜBUNGEN KOMBINIEREN

5. Übung: Einweis-Übungen kombinieren

Ihr Hund hat bereits die Einweis-Übungen »Voran«, Rechts- und Links-Schicken, Über-Kopf-Schicken und den Stopp-Pfiff kennengelernt (➜ Seite 38–45). Jetzt überprüfen Sie, ob er die verschiedenen Körperhaltungen und Signale unterscheidet und befolgt. Bauen Sie die Übungen immer so auf, dass Ihr Hund sie gut lösen kann und nicht überfordert wird.

VOR DEM TRAINING
- ☐ Sie haben mit Ihrem Hund die Einweis-Übungen erfolgreich trainiert, und er kennt Ihre Körperhaltungen und Lautsignale für die verschiedenen Übungen.
- ☐ Sie selbst beherrschen die entsprechenden Körperhaltungen und Signale.

LERNZIELE
- ☐ Der Hund unterscheidet die Signale und Körperhaltungen auch auf größere Distanz und unter Ablenkung.
- ☐ Er konzentriert sich ganz auf Sie und ist bereit, Ihren Anweisungen zu folgen.
- ☐ Er nimmt die vorgegebene Richtung an.

Bild 1: Nach dem Stopp-Pfiff folgt das Über-Kopf-Schicken.

KOMBINATION 1

Wählen Sie für diese Übung ein Gelände mit eher niedriger Vegetation aus.
Schritt 1: Gehen Sie vom sitzenden Hund im Winkel von 90 Grad nach rechts und legen 10–15 Meter entfernt ein Dummy ab. Anschließend laufen Sie zum Hund zurück und gehen jetzt von ihm aus ebenfalls im Winkel von 90 Grad 10–15 Meter nach links. Dort platzieren Sie das zweite Dummy. Zurück beim Hund wird er für sein Warten belohnt.
Schritt 2: Stellen Sie sich 10 Meter vor den Hund. Die Übungsanordnung sieht nun wie folgt aus: Ihr Hund sitzt nach wie vor in der Ausgangsposition und schaut Sie an. Die Dummys liegen in einer Linie rechts und links von ihm. Beobachten Sie Ihren Hund genau, um festzustellen, für welches Dummy er sich mehr interessiert. Wählen Sie dann diese Seite für den weiteren Verlauf der Übung. Favorisiert der Hund die von Ihnen aus rechte Seite, heben Sie den rechten Arm und geben als Lautzeichen den Aufmerksamkeitspfiff und anschließend das Körpersignal fürs Rechts-Schicken. Dann schicken Sie ihn mit Ihrem Lautsignal fürs Schicken los, zum Beispiel mit »Go«.

Einweis-Übungen

Schritt 3: Hat Ihr Hund das Dummy geholt, lassen Sie ihn in der Ausgangsposition Sitz machen und legen ein Dummy auf der nun »leeren« Seite ab. Wiederholen Sie die Übung mit dem Dummy der anderen Seite. Auch Über-Kopf-Schicken (→ Seite 43 und 45) kann man einbauen, wenn ein Dummy hinter den Hund gelegt wird (→ Bild 1).
Info: Nimmt der Vierbeiner die vorgegebene Richtung nicht an oder läuft erst gar nicht los, wiederholen Sie die Basisübungen zum Einweisen (→ Seite 38–45), bis er auf Ihre Körperhaltung und die Lautsignale fehlerfrei reagiert. Starten Sie mit dem Kombinationstraining erst wieder, wenn ihm die Basics in Fleisch und Blut übergegangen sind.

KOMBINATION 2

Der Aufbau dieser Übung entspricht der Kombination »Voran und Kleine Suche kombinieren« (→ Seite 68), wo bereits das »Voran« beschrieben wird. Ebenso können Sie den Hund nun mit den anderen Einweis-Elementen ins Suchgebiet schicken (→ Bild 2).
Rechts- und Links-Schicken: Beim Rechts- beziehungsweise Links-Schicken sitzt der Hund seitlich zum Suchgebiet, und Sie gehen etwa 10 Meter von ihm weg. Nehmen Sie dort die Körperhaltung für Rechts- oder Links-Schicken ein und schicken den Hund mit dem entsprechenden Lautsignal los. Wenn er sich wie gewünscht um 90 Grad dreht und zum Suchgebiet läuft, können Sie die Distanz zwischen ihm und dem Suchgebiet und anschließend zwischen sich selbst und dem Hund nach und nach vergrößern.
Über-Kopf-Schicken: Bei den Übungen zum Über-Kopf-Schicken sitzt der Hund mit dem Rücken zum Suchgebiet. Nehmen Sie die

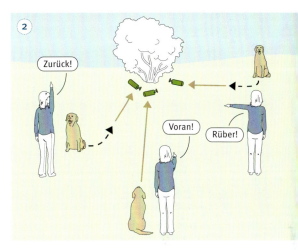

Bild 2: Beispiele für das Dummytraining mit Einweis-Elementen in einem Suchgebiet.

Haltung fürs Über-Kopf-Schicken (→ Seite 43) ein, und schicken Sie ihn mit dem entsprechenden Lautsignal. Vergrößern Sie auch hier langsam die Distanz zwischen Hund und Suchgebiet und danach zwischen sich und Ihrem Hund.

SO LÄUFT ES LEICHTER

- Verändern Sie regelmäßig die Position, von der Sie den Hund zur Suche schicken, indem Sie einen anderen Standort am Suchgebiet wählen. Die neue Perspektive sorgt dafür, dass sich Ihr Hund stärker auf Ihre Körperhaltung konzentriert.
- Achten Sie bei den Übungen darauf, dass Ihr Hund tatsächlich erst mit der Suche beginnt, wenn er im Suchgebiet angekommen ist. Reagiert er verunsichert oder sucht zu früh, stoppen Sie das Training und beginnen die Übung von vorn, indem Sie einige Dummys im Suchgebiet neu auslegen und den Hund dabei zuschauen lassen.

BASISÜBUNGEN KOMBINIEREN

DIE 10 HÄUFIGSTEN PROBLEME BEIM DUMMYTRAINING

Das Dummytraining ist ein umfangreiches und vielseitiges Trainingsgebiet. Dabei stellt man sich immer wieder Fragen wie »Warum tut mein Hund das?« und »Wie muss ich jetzt reagieren?«. Für die häufigsten Probleme finden Sie hier praxisgerechte Antworten.

1 Mein Hund schleppt alles herum, nur das Dummy nimmt er nicht auf.

Nimmt Ihr Hund andere Dinge auf, nicht aber das Dummy, kann das an einer Fehlverknüpfung liegen, weil er etwa glaubt, dass er es nicht nehmen darf. Gehen Sie einen Übungsschritt zurück, und führen Sie ihn spielerisch ans Dummy heran (→ Seite 35).

2 Mein Hund schnappt sich das Dummy, bringt es aber nicht zurück.

Prüfen Sie, ob Ihr Hund ohne Dummy zuverlässig auf Ihr Komm-Signal zu Ihnen kommt. Ist das nicht der Fall, beginnen Sie mit den Komm-Übungen (→ Seite 26–29), und bringen Sie das Dummy erst wieder ins Spiel, wenn Ihr Hund bei diesen Übungen Fortschritte erzielt hat.

3 Mein Hund bringt das Dummy zurück, bleibt aber auf Distanz und fordert mich von dort aus zum Spielen auf.

Das Apportieren reicht dem Hund nicht, er will die Aktion durch Spielen verlängern. Zeigen Sie ihm, dass sich das Bringen lohnt. Belohnen Sie ihn mit Leckerlis oder einem Spielzeug erst dann, wenn er Ihnen das Dummy in die Hand gegeben hat. Trainieren Sie zusätzlich die Basics für die Dummyabgabe (→ Seite 37).

4 Mein Hund bleibt nicht sitzen, wenn das Dummy geworfen wird.

Wiederholen Sie die Steadiness-Übungen (→ Seite 30–33). Lassen Sie das Dummy von einem Helfer aufheben, wenn Ihr Hund nicht wartet, damit er für sein zu frühes Loslaufen nicht belohnt wird.

5 Mein Hund sucht höchstens drei Dummys und verliert dann die Lust.

Wenn Ihr Hund die Suche einstellt, holen Sie ihn zurück, gehen allein durchs Suchgebiet, heben einige Dummys auf und ver-

Trainingsziel Teambildung: Als Hundeführer müssen Sie dafür sorgen, dass Sie und Ihr Hund die gleichen Ziele haben.

Die 10 häufigsten Probleme

Nehmen Sie sich die Zeit, Problemen auf den Grund zu gehen. Oft erweist sich schon ein kleiner Schritt zurück zu den Basisübungen als hilfreich.

stecken sie neu. Machen Sie dabei Geräusche und lassen es möglichst spannend für den zuschauenden Hund aussehen.

6 Mein Hund ist unruhig am Bein, geht nicht gut bei Fuß oder dreht sich zu mir.
Wiederholen Sie die Übungen der Lektion Fußarbeit (→ Seite 20–25). Achten Sie dabei auf die Details und darauf, dass Ihr Hund jeden Übungsschritt versteht.

7 Mein Hund kann sich die Fallstellen von Markierungen nicht merken.
Setzen Sie als optische Hilfen weiße Dummys oder weiße Bänder am Dummy ein, damit Ihr Hund die Flugbahn besser verfolgen kann. Lassen Sie Ihren Helfer die Dummys im hohen Bogen werfen, und trainieren Sie zuerst auf kurzen Distanzen.

8 Mein Hund läuft auf das Körper- und Lautsignal für »Voran« nicht los.
Lassen Sie einen Helfer das Dummy noch einmal in die Luft werfen. Oder geben Sie direkt nach dem Voran-Signal ein Freizeichen, das der Hund kennt, etwa »Lauf«. Setzt er sich dann in Bewegung, loben Sie ihn ausgiebig. Beide Hilfen sollten aber möglichst bald wieder abgebaut werden.

9 Mein Hund nimmt das Dummy auf, sucht dann aber trotzdem weiter.
Ihr Hund hat noch nicht verstanden, dass er Dummys zurückbringen soll. Trainieren Sie mit ihm die Übung »Dummy zurückbringen« (→ Seite 36), bis er mit dem Dummy zu Ihnen zurückkommt.

10 Mein Hund bringt das Dummy nicht mir, sondern meinem Helfer oder anderen Personen.
Bitten Sie diese Personen, Ihren Hund und das Dummy zu ignorieren. Ignorieren heißt: den Hund nicht ansprechen, anschauen oder anderweitig beachten. Sie selbst sollten gleichzeitig versuchen, Ihren Hund auf sich aufmerksam zu machen. Kommt er schließlich zu Ihnen, loben Sie ihn überschwänglich.

REGISTER

Halbfett gesetzte Seitenzahlen verweisen auf Abbildungen.
UK = Umschlagklappe

A

Ablenkung 30–33, **33**, 64, 65, UK vorn, UK hinten
Apportieren 7, 8, 11, 19, 34, 35, **35**, 36, 37, **53**, **59**, **60**, UK vorn
– im Wasser **59**
Aufmerksamkeitspfiff 13, **13**, 38, 39, 42, **42**, 44, **45**, 72, **72**, UK vorn
Augen 48, 49, **49**

B

Basisübungen **16**, 18–45, **75**
Belohnen 11, 12, 14, 20, 21, **21**, **22**, **25**, 74
Belohnungsspiel 26, 27. 32
Beutetrieb 48
Blickkontakt 21, 23, 24, 26, 29, 31, 37
»Blinds« 7

D

Drehen des Hundes 22, **22**, 23, **23**, 39, 44, 45, 64, **65**, 66, **67**, 70, 73
Dummy 6, 7, 14, **14**
– abgeben 36, **36**, 37, **37**, 74, **75**, UK hinten
– aufnehmen und tragen 34, 35, **35**
– auslegen 44, **44**, 45, 52, 53, **62**, 66, 67, **67**, 68, 69, 72, 73
– im Flug 13, **33**, **48**, 54, 55, **55**, 56, **56**, UK vorn u. hinten

–, Dead-Fowl- **6**
–, Markier- 14, **14**, 56
–, Pocket- 14, **14**
–, Standard- 14, **14**, **53**, 56, **56**
–, Wasser- 59, **59**, UK vorn
-farbe 7, 14, **14**, **48**, 49, 52, 56, **56**, 57, **57**, 64, 65, 75
-prüfung 7–9, **9**
-tasche 15, **15**, UK hinten
-weste 15, **15**

E

Einweis-Elemente 38, 39, 42
Einweisen ins Suchgebiet 68, 69
Einweis-Übungen 39–45, **73**, UK vorn
Erwartungshaltung aufbauen 11, 26, 28, 39, 42

F

Fallstelle 7, 38, 54–57, 64, 65, 66, 70, 71, 75, UK vorn
Farbensehen 49, 52
Freiverlorensuche 7, 50, 53, **53**
Fußposition **10**, **11**, **18**, 19–21, 21, 22, **22**, 23, **23**, 24, **24**, 25, **25**, 29–31, **31**, 37, 64, **65**, 66, 68, 70, UK vorn, **UK vorn**
– einnehmen 22, **22**, 26, 27, 34
– in Vorwärtsbewegung halten 24, **24**, 25, **25**, 65
– vermitteln 21, **21**

G

Gebrauchshunde 49
Gesichtsfeld 12, 49

H

Hintergrund **53**, 54, 55, 56, **56**, UK hinten, **UK hinten**
Hörvermögen 49

I

Individualdistanz 33

K

Kleine Suche 50, 52, **52**
Kombinationsübungen 62-73
–, Doppelmarkierungen 66, 67
–, Einweis-Übungen 72, **73**, **73**, UK vorn
–, Fußarbeit und Markierungen 64, 65
–, »Voran« und »Kleine Suche« 68, 69
–, »Voran«, »Kleine Suche« und Markierungen 70, 71
»Komm«, Position nach 29
»Komm«, schnelles 28, **28**, 36
Körpersignal
– »Komm« 19, 26, 27, **27**, 28, 29, 36, 41
– »Voran« **2**, **39**, 40, **40**, 41, **41**, 68, 69, 70, **71**
– für die Suche 50, 52, 53
– fürs Schicken 42–45, **66**, **67**, 72

L

Laufen in gerader Linie 38, 39
Lautsignal
– »Apport« 34, 59
– »Aus« 37
– für Markierungen 54, 56, 64–67, 70

– fürs Schicken 42–45, 66, 67, 72
– »Fuß« 20–25
– »Go« 43, 54, 72
– »Komm« 26–29, 36, 41, 52, 59, 66, 74, UK vorn
– »Lauf« 51
– »Sitz« 30–32, 42, 66
– »Voran« 40, 41, 69, 70, 75
Lektion
– Apportieren 34, 35, **35**, 36, **36**, 37, **37**
– Einweisen 38, 39, **39**, 40, **40**, 41, **41**, 42, **42**, 43, **43**, 44, **44**, 45, **45**
– Fußarbeit 20, 21, **21**, 22, **22**, 23, **23**, 24, **24**, 25, **25**, 75, UK vorn
– »Komm« 26, 27, **27**, 28, **28**, 29, **29**, UK vorn
– Markierungen 54, 55, **55**, 56, 57
– Steadiness 7, 30, 31, **31**, 32, **32**, 33, **33**, 41, 56, **66**, 74, UK vorn
– Suche 50, 51, **51**, 52, **52**, 53, **53**
Lernvermögen 12, 63
Lichtverhältnisse UK hinten, **UK hinten**

M
Markierungen 7, 54, 55, **55**, 56, 57, 64–67, 70, 71, 75, UK vorn
– zeigen 70, 71, **71**
–, Einzel- 55–57
–, Wasser- 54
»Memory«-Übung 69

N
Nase 49, **49**
Nasenarbeit 7, **46**, 50, 51, **51**, 52–57, 68, **UK hinten**
Niederwildjagd 7, **7**, 54, 58

O
Ohren 49, **49**
Outdoor-Kleidung 15, **15**

P
Probleme im Training 63–65, 67, 70–75, **75**

R
Retriever 8, 56, **59**
Riechleistung 12, 19, 49

S
Schicken 38–40, **40**, 41, **41**, 42–45, **45**, **65-67**
–, Links- 39, 43, **43**, 45, 73
–, Rechts- 39, 43, **43**, 44, **45**, 72
–, Über-Kopf- 39, 43, **43**, 45, 73
–, Voran- 39, 40, 41
Sehvermögen 12, 48, 49
Sichtzeichen, siehe Körpersignal
Signalpfeife 15, **15**, 42
Sinnesleistungen 48–57
»Sitz und bleib« 31, **31**, 66
– mit Ablenkung 30, 32, **32**, 33, **33**
Spielzeug 14, **14**, 27, 33, 42, **51**, 74
Standortwechsel 69, **69**, 73
Steadiness 7, 30, 31, **31**, 32, **32**, 33, **33**, 41, 56, **66**, 74

Stillsitzen 32, 33, 74, UK vorn
Stopp-Pfiff, siehe Aufmerksamkeitspfiff
Streamer 56, **56**
Suche und Lautsignal verknüpfen 51, **51**, 52
Suchgebiet 7, **44**, **45**, 50, 51, 52, **52**, 53, **53**, 54, 55, **55**, 57, **57**, 68, 69, **69**, 70, 71, UK vorn, **UK hinten**
Such-Signal 39, 40, 50–53, 68, 70

T
Teamarbeit **2**, 8, 9, 11, 12, 38, **74**, UK vorn
Trainingsbedingungen 7–9
Trainings-Checkliste UK hinten
Trainings-Tagebuch 19

U
Übungsgelände 30, 39, 44, 49, 51, **51**, 52, **52**, 53, **53**, 55, 57, **57**, **62**, 65, 67, 68, **69**, 72, UK vorn, UK hinten, **UK hinten**
Übungshelfer 28, 30, 33, 54–57, 65, 67, 75

V
Vorsitzposition 29, **29**, 37

W
Wasserarbeit 58, **58**, 59, **59**, UK vorn
Windrichtung 39, 50, 55, **55**, 57, UK hinten
Workingtests 8, 9

SERVICE / WICHTIGE HINWEISE

Die Inhalte dieses Buches beziehen sich auf die Bestimmungen des deutschen Tier- bzw. Artenschutzes. In anderen Ländern können die Angaben abweichen. Erkundigen Sie sich bitte im Zweifelsfall bei Ihrem Zoofachhändler oder bei der entsprechenden Behörde.

Adressen

Verband für das Deutsche Hundewesen e. V. (VDH), Westfalendamm 174, 44141 Dortmund, www.vdh.de
Fédération Cynologique Internationale (FCI), Place Albert 1er, B-6530 Thuin, www.fci.be
Österreichischer Kynologenverband (ÖKV), Siegfried-Marcus-Str. 7, A-2362 Biedermannsdorf, www.oekv.at
Schweizerische Kynologische Gesellschaft (SKG/SCS), Brunnmattstr. 24, CH-3007 Bern, www.skg.ch
Deutscher Retriever Club e. V. (DRC), Dörnhagener Str. 13, 34302 Guxhagen, www.drc.de
Labrador Club Deutschland e. V. (LCD), Markenweg 2, 48653 Coesfeld, www.labrador.de
Golden Retriever Club e. V. (GRC), Siemensstr. 19 A, 61267 Neu-Anspach, www.grc.de
Berufsverband der Hundeerzieher/innen und Verhaltensberater/innen e. V. (BHV), Auf der Lind 7, 65529 Waldems-Esch, www.bhv-net.de
Der BHV bietet auch Dummyprüfungen an.

Fragen zur Hundehaltung beantworten

Ihr Zoofachhändler und der **Zentralverband Zoologischer Fachbetriebe Deutschlands e. V. (ZZF)**, nur telefonische Auskunft unter (0611) 44755332, Mo 12–16 Uhr und Do 8–12 Uhr, www.zzf.de

Bücher

Bloch, G.: **Der Wolf im Hundepelz.** Franckh-Kosmos Verlag, Stuttgart
Lindner, R.: **Was Hunde wirklich wollen,** Gräfe und Unzer Verlag, Stuttgart
Feddersen-Petersen, D.: **Hundepsychologie.** Franckh-Kosmos Verlag, Stuttgart
Schlegl-Kofler, K.: **Hundesprache.** Gräfe und Unzer Verlag, München
Schlegl-Kofler, K.: **Praxishandbuch Hunde-Erziehung.** Gräfe und Unzer Verlag, München

Registrierung von Hunden

Tasso e. V., Abt. Haustierzentralregister, 65784 Hattersheim, Tel. (06190) 937300, www.tasso.net, E-Mail: info@tasso.net

Informative Webadressen

www.teoma-dogtraining.de
Homepage der Autorin
www.drc.de
Wissenswertes zur Geschichte des Dummytrainings und Infos zu den Prüfungen
www.bhv-net.de
Dummyprüfung für Hunde ohne FCI-Papiere und für Mischlinge
www.retriever-forum.net
Forum mit Infos zur Dummyarbeit
www.hund-und-freizeit.com
Hundezubehör für Sport, Spiel und Training
www.dogs-sport-shop.de
Zubehör und Trainingsequipment

Dank

Die Autorin dankt allen Hundebesitzern, die in vielen Jahren mit ihren Tieren an den von ihr geleiteten Dummytrainingskursen teilgenommen und so auch zu diesem Buch beigetragen haben. Ein großer Dank gilt Amy, Marion Grotes erster Hündin, die leider nicht mehr bei ihr ist.

Wichtige Hinweise

Übungsgelände Trainieren Sie nur auf erlaubtem Gelände. Achten Sie auf geschützte Bereiche (z. B. Wildschongebiete) und Privatbesitz.
Versicherung Auch gut erzogene Hunde können Schäden an fremdem Eigentum anrichten oder Unfälle verursachen. Eine Hundehaftpflichtversicherung ist sehr empfehlenswert.
Gesundheit Trainieren Sie mit Ihrem Hund nur, wenn er körperlich fit ist.

Die werden Sie auch lieben.

ISBN 978-3-8338-2169-1

ISBN 978-3-8338-2180-6

ISBN 978-3-8338-1716-8

ISBN 978-3-7742-1604-4

ISBN 978-3-8338-1932-2

ISBN 978-3-8338-2303-9

www.gu.de: Blättern Sie in unseren Büchern, entdecken Sie wertvolle Hintergrundinformationen sowie unsere Neuerscheinungen.

Willkommen im Leben.

AUTORIN UND FOTOGRAF / IMPRESSUM

Die Autorin

Marion Grote kann sich ein Leben ohne Hunde nicht vorstellen. Ihre Leidenschaft fürs Dummytraining wurde durch die eigenen Golden Retriever entfacht. Marion Grote hat an der Schweizer ATN-Akademie für Tiernaturheilkunde studiert und bietet seit 2004 wöchentliche Dummytrainings, Tages- und Wochenendseminare für Dummyarbeit und Dummytrainingsferien an.

Der Fotograf

Oliver Giel hat sich auf Natur- und Tierfotografie spezialisiert und betreut mit seiner Lebensgefährtin Eva Scherer Bildproduktionen für Bücher, Zeitschriften, Kalender und Werbung. Mehr über sein Fotostudio finden Sie unter: www.tierfotograf.com

Alle Fotos in diesem Buch stammen von **Oliver Giel,** mit Ausnahme von: **Getty Images:** Seite 7. Alle Zeichnungen in diesem Buch stammen von **Claudia Schick.**

Syndication:
www.jalag-syndication.de

Impressum

© 2012 GRÄFE UND UNZER VERLAG GmbH, München. Alle Rechte vorbehalten. Nachdruck, auch auszugsweise, sowie Verbreitung durch Film, Funk, Fernsehen und Internet, durch fotomechanische Wiedergabe, Tonträger und Datenverarbeitungssysteme jeglicher Art nur mit schriftlicher Genehmigung des Verlages.

Projektleitung: Cornelia Nunn
Lektorat: Gerd Ludwig
Bildredaktion: Silke Bodenberger, Petra Ender (Cover)
Umschlaggestaltung und Layout: independent Medien-Design, Horst Moser, München
Herstellung: Claudia Häusser, Christine Mahnecke
Satz: Uhl + Massopust, Aalen
Reproduktion: Longo AG, Bozen
Druck: Firmengruppe APPL, aprinta druck, Wemding
Bindung: Firmengruppe APPL, sellier druck, Freising

Printed in Germany

ISBN 978-3-8338-2408-1
1. Auflage 2012

Umwelthinweis

Dieses Buch ist auf PEFC-zertifiziertem Papier aus nachhaltiger Waldwirtschaft gedruckt.

Ein Unternehmen der
GANSKE VERLAGSGRUPPE

Unsere Garantie

Alle Informationen in diesem Ratgeber sind sorgfältig und gewissenhaft geprüft. Sollte dennoch einmal ein Fehler enthalten sein, schicken Sie uns das Buch mit dem entsprechenden Hinweis an unseren Leserservice zurück. Wir tauschen Ihnen den GU-Ratgeber gegen einen anderen zum gleichen oder ähnlichen Thema um.

Liebe Leserin und lieber Leser,

wir freuen uns, dass Sie sich für ein GU-Buch entschieden haben. Mit Ihrem Kauf setzen Sie auf die Qualität, Kompetenz und Aktualität unserer Ratgeber. Dafür sagen wir Danke! Wir wollen als führender Ratgeberverlag noch besser werden. Daher ist uns Ihre Meinung wichtig. Bitte senden Sie uns Ihre Anregungen, Ihre Kritik oder Ihr Lob zu unseren Büchern. Haben Sie Fragen oder benötigen Sie weiteren Rat zum Thema? Wir freuen uns auf Ihre Nachricht!

Wir sind für Sie da!
Montag–Donnerstag:
8.00–18.00 Uhr;
Freitag: 8.00–16.00 Uhr
Tel.: 0180-5 00 50 54*
Fax: 0180-5 01 20 54*
E-Mail: leserservice@
graefe-und-unzer.de
*(0,14 €/Min. aus dem dt. Festnetz/ Mobilfunkpreise maximal 0,42 €/Min.)

P.S.: Wollen Sie noch mehr Aktuelles von GU wissen, dann abonnieren Sie doch unseren kostenlosen GU-Online-Newsletter und/oder unsere kostenlosen Kundenmagazine.

GRÄFE UND UNZER VERLAG
Leserservice
Postfach 86 03 13
81630 München